Hoffmann von Fallersleben

Unpolitische Dichtungen und Texte

Verlag
der
Wissenschaften

Hoffmann von Fallersleben

Unpolitische Dichtungen und Texte

ISBN/EAN: 9783957008039

Auflage: 1

Erscheinungsjahr: 2016

Erscheinungsort: Norderstedt, Deutschland

Hergestellt in Europa, USA, Kanada, Australien, Japan
Verlag der Wissenschaften in Hansebooks GmbH, Norderstedt

Cover: Foto ©Joujou/pixelio.de

Unpolitische Lieder.

Unpolitische Lieder

von

Hoffmann von Fallersleben.

Erster Theil.
Zweite Auflage.

> Und ich ging hin zum Engel und sprach zu ihm:
> Gieb mir das Büchlein. Und er sprach zu mir:
> Nimm hin, und verschlinge es; und es wird dich
> im Bauch grimmen, aber in deinem Munde wird
> es süß sein wie Honig. Und ich nahm das
> Büchlein von der Hand des Engels, und ver-
> schlang es; und es war süß in meinem Munde
> wie Honig; und da ich's gegessen hatte, grimmete
> mich's im Bauch.
> Offenbarung St. Johannis 10, 9. 10.

Hamburg.
Bei Hoffmann und Campe.
1840.

Inhalt.

Erste Sitzung.

Zweite Sitzung.

Dritte Sitzung.

Vierte Sitzung.

Fünfte Sitzung.

Sechste Sitzung.

Siebente Sitzung.

Anhang

oder

Vertrauliche Sitzung.

Wer Steine wegwälzt, der wird Mühe damit
haben, und wer Holz spaltet, der wird davon
verletzet werden.

Prediger Salom. 10, 9.

Erste Sitzung.

———

Knüppel aus dem Sack.

Von allen Wünschen in der Welt
Nur Einer mir anjetzt gefällt,
    Nur: Knüppel aus dem Sack!
Und gäbe Gott mir Wunschesmacht,
Ich dächte nur bei Tag und Nacht,
    Nur: Knüppel aus dem Sack!

Dann braucht' ich weder Gut noch Gold,
Ich machte mir die Welt schon hold
    Mit: Knüppel aus dem Sack!
Ich wär' ein Sieger, wär' ein Held,
Der erst' und beste Mann der Welt
    Mit: Knüppel aus dem Sack!

Ich schaffte Freiheit, Recht und Ruh
Und frohes Leben noch dazu
   Beim: Knüppel aus dem Sack!
Und wollt' ich selbst recht lustig sein,
So ließ' ich tanzen Groß und Klein
   Beim: Knüppel aus dem Sack!

O Märchen, würdest du doch wahr
Nur Einen einz'gen Tag im Jahr,
   O Knüppel aus dem Sack!
Ich gäbe drum, ich weiß nicht was,
Und schlüge drein ohn' Unterlaß:
   Frisch: Knüppel aus dem Sack
     Auf's Lumpenpack!
     Auf's Hundepack!

Klagelied.

Wann einst die Flaschen größer werden,
Wann einst wohlfeiler wird der Wein,
Dann findet sich vielleicht auf Erden
Die goldne Zeit noch einmal ein.

Doch nicht für uns! uns ist geboten
In allen Dingen Nüchternheit —
Die goldne Zeit gehört den Todten,
Und uns nur die papierne Zeit.

Ach! kleiner werden unsre Flaschen,
Und täglich theurer wird der Wein,
Und leerer wird's in unsern Taschen —
Gar keine Zeit wird bald mehr sein.

Stimme aus der Wüste.

Stark sei dein Muth und rein dein Herz!
Und tönt's auf allen Seiten:
Die schlimme Zeit! die böse Welt!
Du wagst dich frisch hinaus ins Feld,
Das Schlechte zu bestreiten.

Rein sei dein Herz und stark dein Muth!
Dann bist du wohl gebettet.
Und setzte dich der Menschen Neid
Hinaus in Wind= und Wellenstreit —
Auch Moses ward errettet!

Nicht unsre Zeit sei deine Zeit!
Die deine stets die beste!
Rein sei dein Herz und stark dein Muth,
Daß Gottes Lieb' auch Wunder thut
An deinem Osterfeste!

Im Jahr 1812.

Wenn der Kaiser doch erstände!
Ach! er schläft zu lange Zeit:
Unsre Knechtschaft hat kein Ende
Und kein End' hat unser Leid.

Auf dem schönen deutschen Lande
Ruht der Fluch der Sklaverei —
Mach uns von der eignen Schande,
Von dem bösen Fluche frei!

Kaiser Friedrich, auf! erwache!
Mit dem heil'gen Reichspanier
Komm zu der gerechten Rache!
Gott der Herr er ist mit dir. —

Ach! es krächzen noch die Raben
Um den Berg bei Tag und Nacht,
Und das Reich es bleibt begraben,
Weil der Kaiser nicht erwacht.

Jusqu'à la mer.

Als die Diplomaten tranken:
„Blücher hoch! und hoch das Heer!
Dem wir Freiheit jetzt verdanken
Und des Friedens Wiederkehr!"

Nun, da sprach der greise Krieger
Vor der Diplomatenschaar,
Er, der mit der Zung' ein Sieger
Wie er's mit dem Schwerte war:

„Ernten mögen unsre Erben
Was wir säten in der Schlacht!
Mag die Feder nicht verderben
Was das Schwert jetzt gut gemacht!"

Diese Worte möcht' ich schreiben
Nicht auf Erz und nicht auf Stein,
Nicht an Wänd' und Fensterscheiben,
Nein, in jedes Herz hinein;

In das Herz der Diplomaten,
Die am langen grünen Tisch
Deutschlands Wohl und Weh berathen,
Und oft stumm sind wie ein Fisch;

Die in ihren eignen Sachen
Wollen schier Franzosen sein,
Lauter Böck' und Schnitzer machen
Wie ein Schüler im Latein.

Hättet ihr doch deutsch gesprochen!
Denn französisch fällt euch schwer:
Immer sprecht ihr nur gebrochen
Von dem Rhein jusqu'à la mer.

Grün.

Deutsches Volk, wie gut betrathen!
Hoffnung sprießt in deinen Gau'n:
Grün sind stets noch deine Saaten,
Deine Wälder, deine Au'n.

In der Hoffnung ruht dein Leben:
Bleibt auch manche Hoffnung aus —
Steuern nehmen, Steuern geben,
Diese Hoffnung stirbt nicht aus.

Hoffnung tilget deine Klagen,
Löschet deines Zweifels Spur,
Denn mit grünem Tuch beschlagen
Sind die Sitzungstische nur.

Darum geh in diesen Tagen,
Deutsches Volk, in Hoffnungstracht;
Grüne Röcke mußt du tragen,
Weil man dir nur Hoffnung macht.

Die Verbrüderung.

Mel. An dem reinsten Frühlingsmorgen
Ging die Schäferin und sang.

Nur im Osten kann es tagen,
Und es tagte wunderbar,
Und im Osten ward geschlagen
Frankreichs sieggewohnte Schaar.

Und die Moscowiterhorden
Haben uns das Heil gebracht,
Sind mit uns verbrüdert worden
Durch die deutsche Freiheitsschlacht.

Die Verbrüdrung kann nur fruchten,
Bringt uns Segen immerdar:
Dankbar gehn wir drum in Juchten,
Essen dankbar Kaviar.

Chatten.

*Ut primum adoleverint, crinem barbamque
submittere, nec nisi hoste caeso exuere vo-
tivum obligatumque virtuti oris habitum,
ignavis et imbellibus manet squalor.*
Tacitus de Germ. cap. 31.

Sitte war's in alten Tagen
Bei der edlen Chattenschaar:
Bis man einen Feind erschlagen,
Ließ man wachsen Bart und Haar.

Auch noch heute giebt es Chatten,
Die mit langen Bärten gehn,
Weil sie noch das Glück nicht hatten,
Irgend einen Feind zu sehn. —

Wo die meisten Feinde waren,
Drang der Chatte wild hinein,
Von des Leibes Feigheitshaaren
Wollt' er zeitig sich befrein.

Wir auch haben heute Chatten,
Die mit langen Bärten gehn,
Doch sie wollen auch den Schatten
Eines Feindes nicht mal sehn.

Stand und Stände.

Ha! eure Mauern, eure Wände,
Hat sie nicht längst die Zeit zerstört?
Wo blieb der Unterschied der Stände?
Hat jeder Stand nicht aufgehört?

Wir haben keine Zeit zum Stehen,
Nichts hat noch seinen alten Stand;
Jetzt will die ganze Welt nur gehen,
Wie kann da stehen noch ein Land?

Was soll der Stand? was sollen Stände?
Sie hemmen nicht der Zeiten Lauf.
O, reicht euch alle gern die Hände!
Euch alle nimmt Ein Haus nur auf.

Stammbaum.

Mel. Einsam bin ich nicht alleine.

O des Schicksals böse Tücke,
O das böse Spiel der Zeit!
Einst wohl saßen wir im Glücke,
Jetzo sitzen wir im Leid.

Nur der Anblick meiner Felder,
Meiner Wiesen ist noch mein;
Längst verkauft sind meine Wälder,
Nur ein Baum blieb mir allein.

Wenn ich diesen Baum umklammre,
Heg' ich Hoffnung, schöpf' ich Muth;
Wenn ich vor ihm wein' und jammre,
Fühl' ich neue Lebensglut.

Nein, ich habe nicht vergebens
Meine Tage hingebracht!
Seht, da steht der Baum des Lebens
Und in voller Blüthenpracht!

Und die Menschheit wird beglücken
Das was ich hienieden that:
Denn mit diesen Blüthen schmücken
Wird sich mancher Hof und Staat.

O du Baum aus altem Samen,
Wie beruhigst du mein Herz!
Schon vor deinem stolzen Namen
Schwindet aller Gram und Schmerz.

Grünt, ihr jungen Sommerlatten,
Wachst in fröhlichem Gedeihn!
Und in meines Stammbaums Schatten
Schlaf' ich sanft und selig ein.

Nie ohne dieses!

O glücklich wer noch Vettern hat,
Dem glänzet noch ein Morgenroth:
Er wird, wenn nicht Geheimerath,
Doch Etwas noch vor seinem Tod.

Wohl that's dem armen Adam weh,
Daß Gott ihm nicht sein Eden ließ;
Er hatte keine Vettern je,
Sonst säß' er noch im Paradies.

Staatsinquisition.

Mel. Wer wollte sich mit Grillen plagen?

Wie heißt die schrecklichste der Listen,
Die ärger ist als Feindeslist,
Und auch sogar den span'schen Christen
Noch unbekannt geblieben ist?

Ich will dir deine Neugier stillen:
Conduitenliste heißt die List,
Worin du durch Behördenbrillen
Schon abdaguerrotypet bist. —

O wär' ich dann ein Troglodyte,
Der Berg' und Wälder wilder Sohn!
Doch leider bin ich von Conduite,
Ein einzig Wort verfehmt mich schon.

Stöpselzieher.

Wenn es keine Flaschen gäbe,
Würden keine Stöpsel sein,
Und wie einst dem Zeus die Hebe
So kredenzt' ich dir den Wein.

Aber leider wird gezogen
Jetzt auf Flaschen nur der Wein
Und wie einen Demagogen
Sperret man den Edlen ein.

Und ein Stöpsel hält die Wache
Wie ein Scherge Tag und Nacht,
Und er sitzt ihm auf dem Dache,
Daß er sich nicht mausig macht.

Doch dein Rächer ist vorhanden,
Nur Geduld, du edler Wein!
Und er wird aus deinen Banden
Dich zu rechter Zeit befrein.

Und wie heißt der brave Rächer,
Der den Wein befreien kann?
O ihr wißt es, frohe Zecher,
Stöpselzieher heißt der Mann.

Stöpselzieher! hoch erheben
Laßt uns ihn bei Sang und Wein:
Alle, alle sollen leben,
Stöpselzieher groß und klein!

Und ein jeder Hauswirth denke
Heuer und zu jeder Frist,
Daß kein ordentlich Getränke
Ohne Stöpselzieher ist.

Des Leibes und der Seele Krieg.

Das die Albernen gelüstet, tödtet sie.
Sprüche Salomonis I, 32.

Nach Seelen wird die Zählung nur gemacht,
Nach Köpfen wird die Steuer aufgebracht.
Da dachtet ihr, der Leib hat seine Rechte
Und wie man ihn in Reih' und Glied wohl brächte.

Da fing mit einem Mal das Turnen an,
Und wer nicht turnte war kein biderb Mann;
Man sang vom Barrn, Rung, Reck und Schwingel Lieder
Und Deutschland hallte freudig alles wieder.

Da kam die Polizei euch auf den Leib:
Was soll der demagogische Zeitvertreib?
Der Staat will Köpf' und Seelen, doch mit Nichten
Turnleiber, so die Steuer nicht entrichten.

Der Staat beschränkte drum das Turnen nur
Auf edle fromme geistige Dressur.
Was lerntet ihr doch auch vom Schwingen, Recken?
Ihr lerntet nur euch nach der Decke strecken.

Die deutschgesinnte Polizei.

Mel. Süße, heilige Natur.

Weg mit wälschem Ungeschmack
Und dem schamlos offnen Frack!
Deutscher Rock und deutsch Baret,
Ei, wie steht's so fein und nett!

Also sprach man Tag und Nacht
Nach der Leipziger Freiheitsschlacht,
Doch behielt im ganzen Land
Stets der Frack die Oberhand.

Bald auch hing man an den Pflock
Hie und da den deutschen Rock;
Nur der Bruder Studio
Machte noch damit Halloh.

Und nun kam die Polizei
Und sie sprach: es ist vorbei!
Deutsche Tracht ist Tand und Schein,
Deutsch von Herzen sollt ihr sein!

Die T-Deutschen.

Teutsch läuft eben so wider unsere Mundart, als wollten
wir schreiben ter, tie, tas. Der gothischen und sächsi-
schen ist thiudisk, folglich der hochdeutschen nur diutisk
gemäß.
Jac. Grimm in den Gött. gel. Anzeigen 1826. Seite 1600.

Ihr könnt nicht unterscheiden d und t,
Und wollt uns lehren wie man schreibt und spricht?
Ihr macht doch sonst ein b und sprechet p,
Warum doch macht ihr's d in deutsch denn nicht?

Es nimmt's euch übel noch der deutsche Bund;
Ihr wißt, er will einmal kein teutscher sein.
Ihr protestiert ja doch nur ohne Grund,
So laßt einmal das viele teutsche Schrei'n!

Maîtres de danse.

Le patriotisme des nations doit être égoiste.
Mme. de Staël.

Ja, es war ein tolles Tanzen
Ohne Rast und ohne Ruh;
Von den Wällen, aus den Schanzen
Tanzten sie nach Frankreich zu.

Welche Schmach für eure Väter,
O wie dumm und wie verkehrt,
Daß ihr lernt von Frankreichs Maîtres
Was wir selber sie gelehrt!

Pfui! welche Schmach und Schande,
O wie dumm und wie verkehrt,
Daß ihr lernt die Allemande.
Die wir selber sie gelehrt!

Sparet euren Fleiß und Eifer,
Bis der Feind uns kommt ins Haus,
Tanzt mit ihm dann einen Schleifer
Hopsasa! zum Land' hinaus!

Das heil. römische Reich.

> Tam diu Germania vincitur.
> *Tacit. Germ. cap.* 37.

Ach! hättest du vom röm'schen Wesen
Und von der röm'schen Litteratur,
O Vaterland, doch nichts gelesen,
Nichts als die röm'schen Münzen nur!

Doch hat uns Rom mit seinen Waffen
Nimmer ein solches Leid erdacht,
Als mit Latein die Lai'n und Pfaffen
Ueber das deutsche Reich gebracht.

Deutsch wird der Papst noch eher lernen,
Eher ein guter Deutscher sein,
Als man geneigt ist zu entfernen
Endlich aus Deutschland das Latein.

Zarte Rücksichten.

Wir waren es! o Heil, daß wir es waren,
Die einst erfanden vor vierhundert Jahren
Dich, Pflegetochter hoher Gnad' und Gunst,
Dich, weitberühmte edle Druckerkunst!

Herbei aus allen deutschen Gau'n in Schaaren!
Kommt, laßt uns unsern Dank Ihm offenbaren,
Ihm, der das Wort gefreit aus seinem Bann,
Daß es die ganze Welt erfreuen kann.

Von allen Thürmen soll es hell erschallen,
Aus allen Feuerschlünden wiederhallen!
Dank, Guttenberg, du hast das Wort gefreit,
Frei sei's und bleib's bei uns auch allezeit!

Doch nein! es ist manch allerhöchster Wille,
Daß wir uns jetzt nur freu'n ganz stille, stille:
Ein Jubelfest von Deutschland nur allein
Säh' aus, als sollt' es Schadenfreude sein.

Was würde Holland wohl, was China sagen,
Wenn wir so jubelten in diesen Tagen?
Es ist kein schönes, ist kein würdig Fest,
Wozu sich nicht der Nachbar laden läßt.

Schlafe! was willst du mehr?

Mel. O gieb, vom weichen Pfühle.

Wo sind noch Würm' und Drachen,
Riesen mit Schwert und Speer?
Was kannst du weiter machen?
Schlafe! was willst du mehr?

Du hast genug gelitten
Qualen in Kampf und Strauß;
Du hast genug gestritten —
Schlafe, mein Volk, schlaf' aus!

Wo sind noch Würm' und Drachen,
Riesen mit Schwert und Speer?
Die Volksvertreter wachen:
Schlafe! was willst du mehr?

Zweite Sitzung.

Trinklied.

Dô huob er ûf unde tranc.
Weinschwelg.

Auf Gesundheit unsrer Feinde,
Stoßet an Mann für Mann!
Sie, die Gründer unsres Strebens,
Die Entwickler unsrer Kraft,
Unsres höhern geist'gen Lebens
In der Kunst und Wissenschaft —
Unsre Feinde dort und hier!
Ohne sie was wären wir?
Hätten wir uns so gefunden,
So zu Freud' und Leid verbunden?
Stoßet an Mann für Mann,
Auf Gesundheit unsrer Feinde!

Auf Gesundheit unsrer Feinde!
Auf und dran! stoßet an!
Mögen ihre Ränke ranken,
Möge wuchern ihre List!
Wir, wir wollen uns bedanken,
Weil's doch gut gemeinet ist;
Denn sie haben's gut gemeint,
Haben uns so fest vereint,
Daß wir nur noch lächeln können
Ueber das was sie uns gönnen.

    Auf und dran! stoßet an!
Auf Gesundheit unsrer Feinde!

Die Denkmalwüthigen.

Monumentorum arduum et operosum honorem,
ut gravem defunctis, aspernantur.
Tacit. Germ. cap. 27.

Ihr denket jetzt: uns blieb nur das Gedächtniß
Der weiland großen Thaten zum Vermächtniß,
Und haben wir ein Denkmal nur gesetzt,
Ist Großes auch von uns geschehn zuletzt.

Begnügt euch nicht, daß uns die großen Ahnen
An unsers Volkes Größ' und Tugend mahnen!
Das Große laßt uns selber stets erneu'n,
So kann uns nur das Große wahrhaft freu'n.

Hunde und Katzen.

Die Hund' und die Katzen die stritten sich
Und zankten sich um die Wette,
Wer unter ihnen urkundlich
Den ältesten Adel hätte.

„Wir haben ein ururaltes Diplom
Lang her von undenklichen Tagen,
Was Remus mit Romulus einst zu Rom
Gab allen Isegrims-Magen."

„Zeigt uns, erwiedern die Katzen, wohlan!
Zeigt her die alten Briefe!
Was steht denn drin, was hangt denn dran?
Wo sind sie, in welchem Archive?"

Man schickte den Pudel eilig nach Rom
Zum Aerger der Katzen und Kater,
Der sollte holen das alte Diplom
Herbei vom heiligen Vater.

Der Pudel kommt ganz ungeniert
Zum Papst hereingetreten;
Er hat den Pantoffel ihm apportiert
Und dann ihn höflich gebeten.

Der Pudel empfing aus des Papstes Hand
Was das Hundevolk begehrte;
Dann zog er wiederum in sein Land
Auf seiner alten Fährte.

Und als er kam an den Po bei Rom,
Da schwamm vor ihm ein Braten,
Er schnappte danach, und verlor sein Diplom,
Und mußt' es auf ewig entrathen.

So stand die Sache nun wie zuletzt,
Der Streit blieb unentschieden,
Und Hund' und Katzen halten bis jetzt
Noch immer keinen Frieden.

Die Hunde die denken noch immer so:
Wir werden sie schon überwinden!
Sie suchen und forschen noch immer am Po —
Und können den Adel nicht finden.

Mauskätzchen.

Les talens sont distribués par la nature
sans égard aux généalogies.
Frédéric, Oeuvres posthumes 1, 65.

Mauskätzchen gab ein großes Fest
Und hatte dazu geladen
Bekannt' und Verwandte von Ost und West
Und lauter Ihro Gnaden.
    Miau miau miau.

Sie trieben vielerlei Possen und Scherz,
Und füllten sich weiblich den Ranzen,
Und weil es nun eben war im März,
So wollten die Kätzerlein tanzen.
    Miau miau miau.

Doch alle die gnädigen Kätzerlein,
Die gnädigen Kater und Katzen,
Die konnten nichts als miauen und schrein
Und schluchzen und pfuchzen und pfnatzen.
    Miau miau miau.

Mauskätzchen schickt nach dem Pudel hin,
Der konnte das Hackebrett schlagen,
Der sollte so was nach ihrem Sinn
Auf dem Hackebrett vortragen.
     Miau miau miau.

Der Pudel war ein gescheiter Mann,
Eine bürgerliche Canaille:
„Was geht mich Dero Gesellschaft an,
Ew. Gnaden Katzengebalge?"
     Wau wau wau wau.

Heugabel und Besenstiel.

Heugabel und Besenstiel,
Die wollten sich vermählen;
Da gab's im ganzen Land gar viel
Und mancherlei zu erzählen.

Was ist das für ein Paar!
Wie die zusammen passen!
Er ist zu Haus das ganze Jahr,
Sie draußen auf Wegen und Gassen.

Er denkt an Stub' und Flur,
Und sie an Ochsen und Pferde;
Sie strebet nach dem Hohen nur,
Und er bleibt auf der Erde.

Bei Frühlingssonnenschein
Will sie ihr Amt nur führen;
Er aber muß Jahr aus Jahr ein,
Er muß sich immer rühren.

Doch als die Trauung war,
Da wurden die Mäuler stille;
Heugabel und Besenstiel blieb ein Paar,
J nun, es war ihr Wille.

Heißa! das ganze Land
Zur Hochzeit war geladen,
Verwandt, bekannt und unbekannt,
Die Krummen, die Schiefen, die Graden.

Da tanzten munter und frisch
Die Schemel, die Hütschen, die Bänke,
Die Kannen, die Mulden, die Stühl' und die Tisch'
Und Kisten und Kasten und Schränke.

Heißa! nun wurden sie
Poetisch über die Maßen,
Daß sie vor lauter Poesie
Stand, Rang und Würde vergaßen:

Die Liebe macht uns gleich,
Frau Besenstiel, Herr Gabel!
Der Will' ist unser Himmelreich —
Und das ist keine Fabel.

Von.

Auf die Präpositiones In, Von, Zu nehmen sie
groß Acht, als ob ihrer Ehren und Wohlfahrt
ein großes daran gelegen.
Matthias Quad von Kinckelbach, Teutscher
Nation Herrlichkeit 1609. Seite 27.

An meine Heimath dacht' ich eben,
Da schrieb ich mich von Fallersleben.
Ich schrieb's und dachte nie dabei
An Staatscensur und Polizei.

So schrieben sich viel Biederleute
Nach ihrem Ort und thun's noch heute,
Und keiner dachte je daran,
Durch von würd' er ein Edelmann.

Von und Aus.

Ich bin herunter gekommen
Und weiß doch selber nicht wie.
Schäfers Klagelied von v. Göthe.

Auf Burgen saßen Edelleute,

Wo aber sind die Burgen heute?

Es wohnt oft ohne Hab' und Gut

Im Thale manches ablich Blut.

Und von den Gütern ihrer Lieben

Ist ihnen nur ein von geblieben;

Des alten Namens Herrlichkeit

Blieb manchem nur in unsrer Zeit.

So bin auch ich von Fallersleben.

Wer wird ein aus mir wiedergeben?

Ich bin nur von, einst war ich aus,

Jetzt hab' ich weder Hof noch Haus.

An das geliebte Fräulein Von.

Nicht Berg' und Meere trennen mich,
Mich trennt ein Wort von dir:
Du bist von Staub und Staub bin ich —
Das trennet dich von mir.

Und sitzen magst du neben mir,
Und nahe sein um mich:
Ein Wort, es trennet mich von dir,
Und ewig fern bin ich.

Erlisch nun Sonn' und Sternenzelt
In Nacht und Nebelgraus!
Denn alle Liebe dieser Welt,
Sie löscht das Wort nicht aus.

Der Corporalstock.

Frequens fustium usus.
Tacit. Germ. cap. 45.

Von einem Helden will ich singen
Der einst die ganze Welt bezwang:
So konnt' es keinem noch gelingen,
So glorreich wie es ihm gelang.

Obschon im Waldesgrün geboren
Bei Amselschlag und Frühlingswehn,
So war er doch dazu erkoren,
Mit Herren Hand in Hand zu gehn.

Er ward gewiegt von Fürstenhänden,
Zopf und Kamasche pflegten sein;
Sie mußten viele Zeit verwenden
Zu seinem Wachsthum und Gedeihn.

Dann gab man ihn noch in die Lehre
Zu einem braven Corporal,
Da ward er voller Zucht und Ehre,
Wie Leder zäh, und hart wie Stahl.

Er bracht' es nun in wenig Tagen
Zu solcher hohen Trefflichkeit,
Daß Staunen, Schrecken, Angst und Zagen
Ergriff die ganze Christenheit.

Er ward bekannt in allen Landen
Wo nur was Großes je geschah,
Und ganze Regimenter standen
Vor ihm wie Leichen lautlos da.

O weh, er ist nun Staub und Asche,
O weh, o weh, er ist nicht mehr!
Dahin ist Zopf, dahin Kamasche!
Dahin sein ganzes großes Heer!

Kein Denkmal ist von ihm geblieben,
Doch war in jener guten Zeit
Auf jedem Rücken eingeschrieben
Sein Ruhm und seine Tapferkeit.

Uns aber ließ er zum Vermächtniß
Den alten Corporal zurück,
Der ruft uns allen ins Gedächtniß
Mitunter noch das alte Glück.

Wir aber sind zu dumm geworden
Für jene alte gute Zeit;
Sie sei im Süden, sei im Norden,
Nur bleibe sie von uns recht weit!

Auch Millionen werden flehen,
Wenn Gott der Herr sitzt zu Gericht:
Laß alle Helden auferstehen,
Nur diesen, diesen einen nicht —

Chor.
Den Corporalstock nicht!

Die alte gute Zeit.

O lernet doch ihr armen Knecht' und Wichte,
O lernt doch unsers deutschen Volks Geschichte,
Und preist nicht groß und herrlich jene Zeit,
Die Zeit der niedrigsten Erbärmlichkeit!

Doch nein, ihr bleibt bei eurem dummen Schwätzen,
Ihr wollt der guten Zeit ein Denkmal setzen —
Wohlan, so gießt die Zopfzeit dann in Erz,
Und gießt hinein des deutschen Volkes Schmerz!

Rechts und links.

Ich finde diese Rede voll Verstand,
Wiewohl mich Griechenland nicht aufzogen.
Aus den Phönizierinnen des Euripides nach Schiller.

Norden, Süden, Wein und Bier,
Plattdeutsch dort und Hochdeutsch hier,
Katholik und Protestant,
Mancher Fürst und manches Land —

Wer das nicht vergessen kann,
Ist fürwahr kein deutscher Mann;
Wenn er's gut mit dir auch meint,
Vaterland, er ist dein Feind!

Das bedenket jeder Zeit,
Wenn ihr strebt nach Einigkeit,
Deutsche Fürsten, deutscher Bund,
Deutsche Lai'n und Pfaffen, und —

Altes und Neues.

— die Deutschen sind entzweit;
Denn die Einen streben zu erhalten,
Und die Andern schwören Tod dem Alten.
König Ludwig I. von Baiern, Ged. 3, 8.

Tod dem Alten, Tod dem Neuen,
Allem was uns trennen muß!
Sprecht nicht mehr von Luthers Siege,
Nicht vom dreißigjähr'gen Kriege
Und westphäl'schen Friedensschluß.

Tod dem Alten, Tod dem Neuen,
Drüber nur die Menschheit weint!
Sprecht nicht mehr von Adelsrechten
Und wie Deutsche mußten fechten
Wider Deutsche für den Feind.

Tod dem Alten, Tod dem Neuen,
Was uns trennt von Recht und Pflicht!
Deutschlands Alter, Deutschlands Jugend
Sei ein fester Bund der Tugend,
Dran des Feindes Macht zerbricht!

Heil dem Alten, Heil dem Neuen,
Was uns führt zu Recht und Pflicht!
Laßt die Jungen und die Alten
Frei auf diesem Pfade walten —
Und ihr Fürsten, wehrt sie nicht!

Weinlied.

Wer fragte je nach deinem Glauben,
Wenn er vor dir mit Andacht saß,
Bei dir, du edler Sohn der Trauben,
Die Zeit und alle Welt vergaß?

Willkommen, reiner Gottessegen,
Sei uns willkommen tausendmal!
Genährt vom Himmelsthau und Regen,
Getränkt vom Licht und Sonnenstrahl!

Aus welcher Ehe du entsprungen —
Gesegnet sei das Eheband!
Und sprichst du auch in fremden Zungen,
Gesegnet sei dein Vaterland!

Und wärst ein Ketzer du, ein Heide,
Wir Gläubigen verehren dich,
Wir fliehn zu dir in unserm Leide,
Wir freun mit dir uns inniglich.

Dich hat der Herr der Welt begnadet,
Nur du darfst ohne Glauben sein;
Der große Wirth der Gläub'gen ladet
Uns alle, alle zu dir ein.

Vox Dei Vox Populi.

Mit euren siebzig Stimmen habet
Ihr uns gar manchen Sang gemacht,
Doch hat der Sang uns nie gelabet,
Nie gute Stimmung uns gebracht.

Und wenn ihr auch in allen Dingen
Die siebzig Stimmen richtig zählt,
Was kann dem Menschen doch gelingen,
Wenn's ihm an Einer Stimme fehlt?

Der dreizehnte Artikel.

Und seid ihr auch in Jugendfrische,
Noch ganz gesund, noch gar nicht alt —
Wo einmal dreizehn sind bei Tische,
Stirbt einer von den dreizehn bald.

So ging es, als der Bundesacte
Dreizehnter mit bei Tische saß:
Daß da der Tod den Jüngsten packte!
O weh! das war ein schlechter Spaß.

Der deutsche Zollverein.

τοῦ γὰρ κράτος ἐστὶ μέγιστ‹
Homeri Ilias 2, 118.

Schwefelhölzer, Fenchel, Bricken,
Kühe, Käse, Krapp, Papier,
Schinken, Scheeren, Stiefel, Wicken,
Wolle, Seife, Garn und Bier;
Pfefferkuchen, Lumpen, Trichter,
Nüsse, Tabak, Gläser, Flachs,
Leder, Salz, Schmalz, Puppen, Lichter,
Rettig, Rips, Raps, Schnaps, Lachs, Wachs!

Und ihr andern deutschen Sachen,
Tausend Dank sei euch gebracht!
Was kein Geist je konnte machen,
Ei, das habet ihr gemacht:
Denn ihr habt ein Band gewunden
Um das deutsche Vaterland,
Und die Herzen hat verbunden
Mehr als unser Bund dies Band.

Walhalla.

Sei gegrüßt, du hehre Halle
Deutscher Größ' und Herrlichkeit!
Seid gegrüßt, ihr Helden alle
Aus der alt' und neuen Zeit!

O ihr Helden in der Halle,
Könntet ihr lebendig sein!
Nein, ein König hat euch alle
Lieber doch in Erz und Stein.

Mailied.

In des Maies schönen Tagen,
Auf, frisch auf! und lasst uns jagen
Durch den Wald und durch's Gefild.
Unsre Jagd gilt nicht den Füchsen,
Nicht den Hasen, Reh'n und Lüchsen,
Frei sei heute jedes Wild.

Auf, frisch auf! und lasst uns jagen
Alles Jammern, alles Klagen,
Alle Noth und Qual und Last;
Jagen lasst uns was uns bücket,
Was uns zwängt und drängt und drücket
In den tiefsten Waldmorast!

Jagt die reichen Hungerleider
Und die Hasser und die Neider
In den dicksten Dornenstrauch!
In die Nesseln werft den Hadrer,
An den Baum hängt jeden Nadrer
Und die Herrn Censoren auch.

Heute muß die Jagd gelingen:
Hört ihr nicht das Vöglein singen
Auf des Maies Blüthenast?
„Wer die Freude will gewinnen,
Muß zuvor den Kampf beginnen
Mit des Lebens Leid und Last."

Hindurch!

Es ist die Zeit ein großer Fluß,
Wir sitzen an dem Strande;
Und was uns Freude bringen muß,
Liegt drüben auf dem Lande.

Hindurch! hindurch! was stehst du still?
Der Fluß wird nie verrinnen.
Wer durch die Fluth nicht schwimmen will,
Der wird kein Land gewinnen.

Mützen.

Wunderthätig ward die Mütze,
Die dereinst Francesco *) trug —
Das ist Wunder doch genug!

Die französische Freiheitsmütze
Ward zur Kaiserkrone gar —
O wie groß, wie wunderbar!

Und des Preußen Landwehrmütze
Ward ein deutscher Siegeshut —
Und dies Wunder that uns gut.

Doch bei unsern heut'gen Mützen
Ist von Wunder keine Spur,
Denn es sind — Schlafmützen nur.

Dritte Sitzung.

——

Trinklied.

> Dô huob er ûf unde tranc.
> Weinschwelg.

Das Glas in der Rechten,
Die Flasch' in der Linken,
So wollen wir fechten,
Nicht wanken, nicht sinken!
Krieg dem Durst und Krieg dem Kummer!
Und ein Bündniß mit dem Wein!
Krieg der Nacht und Krieg dem Schlummer!
Schenkt mir Muth und Feuer ein!

Das Glas in der Rechten,
Die Flasch' in der Linken,
So wollen wir fechten,
Nicht wanken, nicht sinken!
Wohlig sitzen wir im Weinhaus,
Unser Krieg ist wie ein Traum;
Selbst die Welt, das alte Weinhaus,
Hat Respect und rührt sich kaum.

Das Glas in der Rechten,
Die Flasch' in der Linken,
So wollen wir fechten,
Nicht wanken, nicht sinken!
Eine Flasche hat geschlagen
Unsre Feinde kreuz und quer;
Und da stehen wir und fragen:
Giebt's denn keine Feinde mehr?

Das Glas in der Rechten,
Die Flasch' in der Linken,
So wollen wir fechten,
Nicht wanken, nicht sinken!
Und das Ende von dem Liede?
Ei, was machen wir uns draus!
Alles Strebens Frucht ist Friede —
Wir, wir gehn im Sturm nach Haus.

Salvator Mundi.

Des deutschen Kaisers Kammerknechte
Sind jetzt Europas Kammerherrn.
Am Himmel aller Erdenmächte,
O Israel, wie glänzt dein Stern!

Es ward die Zeit wohl immer böser
Und immer höher stieg die Schuld,
Da sproß aus dir uns der Erlöser,
Und Rothschild kam in Gnad' und Huld.

Ja, er ist der Erlöser worden
Für diese schuldenvolle Welt,
Geschmückt mit dem Erlöserorden
Hat er vergossen all sein Blut.

Angebinde.

Wenn wir auch ohne Ahnen sterben
Und ohne Adelsglück und Ruhm:
O glücklich, wenn wir dort ererben
Ein Gotteslehn zum Eigenthum!

Auch ist's ein Trost für unser Leben,
Für unsre schwächliche Natur:
Erbsünde hat uns Gott gegeben,
Erbadel gaben wir uns nur.

Statistische Glückseligkeit.

Unsers ganzen Wohlstands Quellen
Siehst du alle hell und klar
Uebersichtlich in Tabellen
Jahr für Jahr und bis auf's Haar.

Hier zehn Schafe mehr geschoren,
Dort ein neues Lagerbier,
Dort drei Ochsen mehr geboren,
Und ein Drittel Seele hier.

Welch ein Wachsthum zum Entzücken!
Lauter höhere Cultur,
Lauter Streben zum Beglücken!
Und wir sind das Glückskind nur.

Eile mit Weile!

Ja, immer größer wird die Eile:
Man sucht Gewinn, man will Genuß,
Doch bleibet uns an Langerweile
Noch immer großer Ueberfluß.

Und fliegst du wie ein Vogel, fliege!
Die Langeweile läßt nicht ab:
Sie lag mit dir schon in der Wiege,
Sie geht mit dir auch in das Grab.

Lapidarstil.

Ist das Deutsch schon so verdorben,
Daß man's kaum noch schreiben kann?
Oder ist es ausgestorben,
Daß man's spricht nur dann und wann?

Oder habet ihr vernommen,
Daß es bald zu Ende geht?
Daß die Zeiten nächstens kommen,
Wo kein Mensch mehr deutsch versteht?

Jedes Denkmal wird frisieret
Von der Philologen Hand,
Und so haben sie beschmieret
Erz und Stein und Tisch und Wand.

Wo man hinschaut, strotzt und glotzet
Eine Inschrift in Latein,
Die sich trotzig hat schmarotzet
In das Denkmal mit hinein.

Deutsches Volk, du mußt studieren
Und vor allem das Latein,
Niemals kannst du sonst capieren
Was dein eigner Ruhm soll sein!

Die orthodoxen Royalisten.

Was, Erdenſöhne, wollt ihr doch von Gottesſohne?
Ihr ſetzt ihn auf und ſetzt ihn ab von ſeinem Throne.
Er läßt euch ruhig ſchreiben, disputiern und ſchrei'n,
Ihr wiſſet wohl, Er führt euch nicht zur Frohnfeſt' ein.

Und vor den Erdenherrſchern kriechet ihr im Staube!
Wie unerſchütterlich iſt da doch euer Glaube!
Ihr macht von jedem Zweifel eure Herzen frei,
Sobald ihr wittert nur Cenſur und Polizei.

Die unmündigen Aufgeklärten.

Dort Freie und Knechte, während wir unmündig
sind, unter Vormundschaft.
                    Stenzel, Fränk. Kaiser 2, 559.
Aufklärung ist der Ausgang des Menschen aus
seiner selbst verschuldeten Unmündigkeit.
                    Kant.

„Unmündig seid ihr allesamt,
Dazu hat euch der Staat verdammt,
Und wer einmal unmündig ist,
Wird aufgeklärt zu keiner Frist."

Wahr mag nun wohl das eine sein,
Das andre leuchtet uns nicht ein:
Sagt an, wo's uns an Licht gebricht?
Wir sehn oft nicht vor lauter Licht.

Die modernen Heiden.

Wie ein Vogel des Stricks kommt ab,
Ist unser Seel entgangen:
Strick ist entzwei, und wir sind frei.
Dr. Martin Luther.

Was soll Pegasus noch springen
Oben auf dem Schauspielhaus?
Was soll noch Apollo singen?
Ach! sein Spiel ist längst schon aus.

Rom und Hellas sind versunken,
Und die Götter sind verreist;
Nectar wird nicht mehr getrunken,
Und Ambrosia gespeist.

Unser Gott hat sich erhoben
Ueber allen Raum und Zeit,
Er der große Geist wohnt droben,
Und der Himmel ist sein Kleid.

Und der Vater hat gesendet
Seinen Sohn vom Sternenzelt,
Und der Sohn hat sich gewendet
Zu der sündevollen Welt.

Und er hat das Kreuz getragen,
Hat geduldet Spott und Hohn,
Und es ließ ans Kreuz sich schlagen
Gottes eingeborner Sohn.

Und zum Baum im Weltenraume
Wuchs das Kreuz in frischer Kraft,
Und die Blüthen an dem Baume
Wurden Kunst und Wissenschaft.

Was soll Pegasus noch springen
Oben auf dem Schauspielhaus?
Was soll noch Apollo singen?
Ach! sein Spiel ist längst schon aus.

Die monarchischen Frommen.

Ihr wollt, es soll nur hier auf Erden
Ein Hirt' und Eine Heerde sein,
Die ganze Welt soll dienstbar werden
Dem Wort des Herrn, nur Ihm allein.

Ihr habt die Bibel in den Händen,
Das Bajonett auf dem Gewehr —
Soll so sich unser Leiden enden?
Ist das des Heiles Wiederkehr?

Ein Weltgericht.

Die Weltgeschichte ist das Weltgericht,
Doch kein Gericht für jeden Magen,
Denn solche derbe Speise würde nicht
Ein jeder Herr und Knecht vertragen.

Drum hat man viele Männer angestellt,
Die müssen's klopfen, kochen, braten,
Daß dies Gericht der ganzen Welt gefällt,
Zumal den hohen Potentaten.

Zu haben ist es dann an jedem Ort,
Für Geld bekommt es leicht ein Jeder;
Mit einer Brühe giebt man's gratis fort
Sogar auch wohl noch vom Katheder.

Es ist bereitet dann so excellent,
Daß man die Finger danach lecket;
Gesättigt rufen wir: potz Element!
Wie gut doch die Geschichte schmecket!

Ein Staatsgericht.

> Wer sich absondert, der suchet was ihn gelüf
> und setzt sich wider alles was gut ist.
> Sprüche Salomonis 18,

Es hat die Welt wohl ihre Mucken,
Doch leider ihre Mucker auch;
Die Mucken könntest du verschlucken,
Vom Mucker platzte dir der Bauch.

Doch wär' ein Staatsbauch mir beschieden,
O weh der armen Muckerschaar!
Kein einz'ger Mucker blieb' in Frieden,
Ich fräße sie mit Haut und Haar.

Herrnhuter in beiderlei Gestalt.

Mel. Nachtigall, ich hör dich singen.

Nie wollt ihr des Herrn vergessen,
Nicht beim Trinken noch beim Essen,
Und ihr tunkt in rothen Wein
Ein biscuiten Lämmlein ein.

So erfüllt ihr Gottes Willen
Im Geheimen und im Stillen,
Und es ißt auf Christi Tod
Euer Nachbar trocken Brot.

Die theologischen Daguerrotype.

> Die Herrschaft, oder besser, die Tyrannei
> des Verstandes, vielleicht die eisernste von
> allen, steht der Welt noch bevor.

Ihr wollt im Licht und in der Wahrheit leben,
Auf Licht und Klarheit geht nur euer Streben;
Licht soll das Wesen aller Dinge sein,
Und alles andre ist euch Trug und Schein.

Ihr seid in eures Geistes voller Klarheit
Ein Lichtbild nur, ihr seid nur halbe Wahrheit:
Licht ist Verstand, und Farbe das Gemüth —
Euch fehlt worin das Leben erst erblüht.

Die privilegierten Geheimen.

C'est un grand rien.
Mündl. Ueberlief.

Sie mauern und sie bauen
Am Tempel alles Lichts,
Doch ist noch nichts zu schauen —
Sagt an, woran gebricht's?

Wird's klar an jenem Tage,
Am Tage des Gerichts,
Wann wägen wird die Wage
Das Etwas und das Nichts?

Ein König wollt' erfreuen
Sich einst auch dieses Lichts,
Er sprach als thät's ihn reuen:
Es ist ein großes Nichts!

Drum ist es auch erklärlich:
Wär's etwas mehr als nichts,
Erlaubte man wohl schwerlich
Bei uns dies große Nichts.

Die Abtrünnigen.

Mel. Ueb' immer Treu' und Redlichkeit.

Das Wasser sprach zum Eise: „Kind,
So bleib doch nicht so stehn!
Der Weg ist weit, die Zeit verrinnt,
Wir müssen weiter gehn."

„„Leb wohl! ich kehre nicht zurück,
Leb wohl! ich bleibe hier:
Beschert ward mir ein höhres Glück,
Jetzt bin ich mehr als ihr.""

„Komm aus dem Himmel doch geschwind!"
Sprach's Wasser zu dem Schnee,
„Der Weg ist weit, die Zeit verrinnt,
Wir müssen in die See."

„„Leb wohl und grüß das Vaterland!
Ich gehe nicht mit dir:
Jetzt hab' ich einen höhern Stand,
Jetzt bin ich mehr als ihr."" —

So bliebt ihr Freund' uns auch zurück,
Weil Stillstand euch gefiel;
Ihr suchtet euch ein andres Glück,
Ein andres Lebensziel.

Einst gingen wir wohl Hand in Hand,
Die Mutter rief so laut —
Die Mutter war das Vaterland,
Die Freiheit unsre Braut.

Ihr die ihr Eis und Schnee jetzt seid
Und dünkt euch mehr als wir,
O wartet nur, es kommt die Zeit
Und — Wasser seid auch ihr.

Niemandes Herr, Niemandes Knecht.

Zum Amboß hielt ich mich zu schlecht,
Zum Hammer war ich euch nicht recht.
So bin ich Amboß nicht noch Hammer
Und rufe frei von Herzensjammer:
So ist es gut, so ist es recht,
Niemandes Herr, Niemandes Knecht!

Fliegt frei der Vogel durch das Feld,
So ist noch sein die ganze Welt.
Müßt' er im goldnen Käfich hocken,
Er würde schwerlich dort frohlocken:
So ist es gut, so ist es recht,
Niemandes Herr, Niemandes Knecht!

Die beiden Strauße.

Zwei Strauße sind anjetzt vorhanden,
Zwei Strauße von verschiedner Art;
Ein Paar wie sich's in allen Landen
Noch niemals hat geoffenbart.

Man muß sie hören, muß sie lesen,
Und mancher wird davon entzückt,
Und mancher kann nicht mehr genesen,
Er wird halb närrisch und verrückt.

Und wenn der eine musicieret,
Spazieren wir ins Himmelshaus,
Und wenn der andre disputieret,
Jagt er Gott Vater selbst hinaus.

Könnt' ich ein kleines Fürstlein werden
Von Gottes Gnad' und Volkes Gold,
So nähm' ich für die Volksbeschwerden
Die beiden Strauß' in meinen Sold.

Der eine wäre mein Minister
Für's Budget und die Kabbala,
Er lehrte dann die Herrn Philister,
Wie sie einstimmig sprächen: Ja.

Er sollte darthun in Sermonen
Begreiflich für ein jedes Kind,
Daß Volk und Constitutionen
Nicht viel, gar nichts, nur Mythen sind.

Den andern würd' ich nur verwenden,
Wenn's Aufruhr gäb' und Mord und Brand,
Er würde mit der Geig' in Händen
Gleich bändigen das ganze Land.

Trotzdem hab' ich in unsern Tagen
Vor keinem Strauße Furcht und Graun:
Die Zeit hat einen Straußenmagen,
Wird auch den Doctor Strauß verdaun.

Dunkelmannstracht.

> Es ist das Licht süße, und den Augen lieblich
> die Sonne zu sehen.
>> Prediger Salomonis 11, 7.

Unsre Freuden, unsre Leiden
Wollen wir in Schwarz nur kleiden;
Schwarz ist Anstand überall
Bei dem Grab und auf dem Ball.

Tragt die Nacht nicht am Gewande,
Jagt sie lieber aus dem Lande!
Finsterniß und Traurigkeit
Herrscht genug in unsrer Zeit.

Nach dem Sprichwort unsrer Alten
Sollet ihr auf Farbe halten.
Kleidet euch in Sonnenschein!
Nacht stellt sich von selber ein.

Vorwärts und Haltauf.

Ein Vorwärts war sein ganzes Streben,
Ein Vorwärts für sein Vaterland,
Drum ward er auch bei seinem Leben
Der Marschall Vorwärts nur genannt.

Er konnte nie ein Haltauf leiden
Und was ihn hemmt' in seinem Lauf;
Ein Vorwärts muß das Haltauf meiden,
Sonst höret es von selber auf.

Und so auch dachten seine Erben,
Weil jeder gern den Ahnen gleicht;
Sie wollten ohne Haltauf sterben,
Und haben auch ihr Ziel erreicht.

Ein Blücherſch Gut, bei Oels gelegen,
Haltauf genannt, ist sequestriert,
Und wird nun eben dieserwegen
Im nächsten Juni *) subhastiert.

---

*) Und zwar nach dem Proclama 22. Juni 1840.

Vierte Sitzung.

Trinklied.

> Dô huob er ûf unde tranc.
> Weinschwelg.

Den Stöpsel weg! und schenket ein!
Schenkt ein, daß unser Herz erglühe,
Und wie die Blum' am Sonnenschein,
So an der Glut des Weins erblühe!

Den Stöpsel weg! dann wird es klar:
Was sich in einem Nu gefunden,
Das ist sogleich für jedes Jahr,
Ja für die Ewigkeit verbunden.

So recht! jetzt werft den Stöpsel fort!
Ei, der verfluchte Kerkermeister,
Der wollt' uns zwingherrn Wein und Wort,
Und trennen alle guten Geister!

Der Stöpsel war Philisterei,
Die uns nichts Gutes wollte gönnen —
Die Flasch' und unser Herz ist frei,
Und wir, wir zeigen was wir können.

Blitzableiter.

Wilder Geist wie Wetterwolke
Ueber uns zusammenzieht:
Ach, wie hilft man unserm Volke,
Daß ihm nicht ein Leid geschieht?

Wetterschäden zu verhüten,
Giebt es ja ein Mittel jetzt;
Für des wilden Geistes Wüthen
Giebt's ein Mittel auch zuletzt.

Hänget an die Blitzableiter
Titel, Würden, Orden, Geld,
Und das Wetter wird gleich heiter,
Und beruhigt ist die Welt.

Gleichheit.

Gott schuf die Thäler, schuf die Berge,
Gott schuf die Riesen, schuf die Zwerge,
Er schuf die Menschen groß und klein:
Gleich soll sich nichts auf Erden sein.

Wir wollen Gottes Ordnung halten,
Wir lassen's also hübsch beim Alten;
Auch gleiches Maß und gleich Gewicht,
Ja, wär's nicht da, wir gäben's nicht.

Die Adelszeitung

nach Christi Geburt 1840.

> Stemmata quid faciunt?
> Juvenalis 8, 1.

Was bringt die Adelszeitung Neues?
Sie bringt die alte Herrlichkeit,
Das alte Glück der alten Zeit,
Der Deutschen alten Preis und Ruhm:
Das heil'ge deutsche Adelsthum.

Was bringt die Adelszeitung Neues?
Sie bringt, was ihr von Alters wißt,
Daß uralt aller Adel ist,
Denn eh die Welt den Heiland sah,
War schon der deutsche Adel da.

Was bringt die Adelszeitung Neues?
Sie bringt und singt den alten Sang,
Daß aus der Götter Schoß entsprang
Des alten Adels echtes Reis,
Der armen Menschheit Ehrenpreis.

Was bringt die Adelszeitung Neues?
Sie bringt und singt das alte Lied,
Das alte Lied vom Unterschied,
Und daß ein göttergleich Geschlecht
Verdient ein eignes Menschenrecht.

Was bringt die Adelszeitung Neues?
Sie bringt den alten Satz zurück,
Daß Fürstenheil und Völkerglück
Und alles Gut' in dieser Welt
Nur mit dem Adel steht und fällt.

Was bringt die Adelszeitung Neues?
Sie bringet uns das Alte nur:
Daß jede Bürgercreatur
Nie ein Verdienst hat um den Staat,
So lang sie nicht den Adel hat.

Was bringt die Adelszeitung Neues?
Sie bringt das einz'ge Neue nur,
Daß auf des Vaterlandes Flur
Stammbäume wieder gut gedeihn —
Gott woll' uns allen gnädig sein!

Israel.

Deine Sonne ging zu Rüste,
Und dein Sabbathstag begann:
Ewig soll dein Beten dauern,
Und um Israel dein Trauern,
Denn es hebt nie wieder an.

Kein Messias kann dich retten,
Aber Gott erbarmet sich,
Und erweckt durch deine Leiden
Lieb' in Christen und in Heiden,
Und die Liebe rettet dich.

Fromm.

Der Ritter hieß vrum, wenn er mit dem Degen
in der Faust das Recht vertheidigte, selbst aber nie=
mand etwas zu Leide that; die Zeiten änderten sich;
man wollte keine frommen Ritter mehr haben; was
man dagegen recht vrum, brauchbar, fand, waren
fromme Schafe.
Hofrath Benecke zum Wigalois Seite 581.

Wer an das Vaterland nur dachte,

Dem Vaterland sich dienstbar machte

Mit Rath und That, mit Hab' und Gut

Und, wo es galt, mit Leib und Blut,

Wer so das Himmelreich gewann,

Hieß weiland nur ein frommer Mann.

Was aber sind die frommen Leute

Für unser Vaterland doch heute?

Sie haben sich von uns gewandt,

Der Himmel ist ihr Vaterland,

Das Leben ihnen eine Last,

Der Tod nur lieb, die Welt verhaßt.

Die Patrioten.

> Nunc patimur longae pacis mala.
> *Juvenalis* 6, 291.

Ich saß in einer alten Schenke,
Verräuchert waren Tisch' und Bänke,
Kaum sah man Ohren, Aug' und Nase,
Ein jeder saß vor seinem Glase.

Und als sie so im Zwielichtscheine
Still saßen da bei ihrem Weine,
Da ward es Zwielicht auch in ihnen,
Daß sie sich selber hell erschienen.

Die Augen funkelten wie Blitze,
Sie rückten schnell von ihrem Sitze,
Sie wurden laut und immer lauter,
Vertrauter dann und noch vertrauter.

Wie sie aus voller Kehle sangen!
Und wie die Gläser hell erklangen!
„Gesegnet sei die gute Stunde!"
So scholl es laut aus jedem Munde.

„Dem König Heil! Heil seinen Fahnen!
Heil seinen guten Unterthanen!
Heil seinen treuen braven Knechten,
Die für ihn sterben, für ihn fechten!"

Da gab es Witze, Scherz' und Schwänke,
Lebendig ward die ganze Schenke;
Sie wurden toll und immer toller,
Die Flaschen leer, die Köpfe voller.

Der eine fiel, der andre schwankte,
Der eine sank, der andre wankte,
Und hob sich einer auch mal wieder,
So fiel er mit dem andern nieder.

Und Wirth und Gäste, Tisch' und Bänke,
Und Flaschen, Gläser, Scherz' und Schwänke,
Wie lag's beisammen da so traulich,
Und wie gemüthlich und erbaulich!

Champagnerlied.

Ein ächter deutscher Mann kann keinen Franzen leiden,
Doch ihre Weine trinkt er gern.
Brander im Göth. Faust.

Das ist für mich die beste Schlacht,

Wenn die Flaschen knallen,

Wenn die Stöpsel fallen,

Wenn es schnell wie Blut sich ergießet,

Wenn es hell wie Feuer fließet,

Wenn sich alle Händ' erheben,

Jedem Herz und Hand zu geben —

Stoßet an! stoßet an!

Das ist die schönste Schlacht der Welt,

Die einzige, die mir gefällt!

Unsre Feinde, ha! wir kennen sie nicht;

Gott geb' ihnen hier mehr Wärm' und Licht,

Daß es ihnen dort nicht dran gebricht.

Stoßet an! stoßet an!

Und wird von uns ja einer erschlagen,

Wir wollen ihn zu Grabe tragen

Mit einem Labetrank,
Mit einem Habedank:
Requiescat! requiescat!
Er hat es satt!
Und wünschen, daß der müde Streiter
Erwache morgen frisch und heiter.
Wir aber kämpfen immer weiter,
Bis die letzten Flaschen knallen,
Bis die letzten Stöpfel fallen —

Der deutsche Kaiser.

Hin ist des deutschen Reichs uralte Herrlichkeit,
Zu einer Sage ward's in dieser jungen Zeit;
Doch hält das Volk noch fest an seinem alten Herrn,
Zu seinem Banner eilt's noch hin von nah und fern.

Was lockt das Volk wohl hin? Nicht Kriegslust, Sold und Ruhm,
Nicht mehr Begeisterung fürs alte Kaiserthum.
Das Volk sucht Obdach nur, es will nur Ruh' und Rast,
Begehrt Erquickung nur für manche Müh' und Last.

Zum deutschen Kaiser bin auch ich wohl eingekehrt,
Auch ich hab' auf sein Wohl gar manches Glas geleert:
Denn dieser Kaiser war ein deutsches Wirthshaus nur,
Vom heil'gen röm'schen Reich die allerletzte Spur.

Licht und Schatten.

> — so wäre es vielleicht manchem Schriftsteller vom
> Anfange des 19. Jahrhunderts in protestantischen
> Ländern nicht zu verdenken, wenn er sich einen schick=
> lichen und bescheidenen Theil von derjenigen Preßfreiheit
> wünschte, welche die Päpste zu Anfange des 16. ohne
> Bedenken allgemein zugestanden haben.
>> Fichte, Reden an die deutsche Nation
>> (Berlin 1808.) S. 12.

Freilich, Luthers Zeiten hatten
Schatten mehr, viel mehr als Licht,
Und man ließ der Welt den Schatten,
Doch das Licht verbot man nicht.

Zwar noch heut' ist frei der Schatten,
Aber nicht des Lichtes Schein;
Licht will man uns wohl verstatten,
Doch zum Schattenspiel allein.

Jene finstern Zeiten kannten
Keine — —sche Censur:
Und ihr hellen Protestanten
Rühmt euch geistiger Cultur?!

Laßt doch jedem seinen Schatten,
Und sein Licht verwehrt ihm nicht;
Laßt doch uns auch, was wir hatten,
Unsern Schatten, unser Licht!

Laßt auch uns in unsern Tagen
Ihn den Fürsten finstrer Nacht
Mit dem Dintenfaß verjagen,
Wie es Luther hat gemacht!

Höchst und Allerhöchst.

> Die allerhöchsten Herrschaften bestiegen den
> höchsten Gipfel des Berges, knieten nieder
> und flehten zum Höchsten.
> Oestl. Zeitungen.

Gott ist nur der Höchst' auf Erden,
Doch der Allerhöchste nicht.
Willst du dessen inne werden,
Nun, so hast du hier Bericht:

Alles Allerhöchst' auf Erden
Ist von Königesgeschlecht,
Und das kann doch Gott nicht werden,
Denn das ist für ihn zu schlecht.

Censorenmißverständniß.

Hierum wo etwas frei noch wär,
Bald bringen sie ein Ursach her,
Zu fassen das mit einem Strick.
Ulrich von Hutten.

„Die Kaiserkronen sind erfroren,
Und heuer sieht das Volk sie nicht.“
So faßt den Nachtfrost bei den Ohren,
Ihn streichet, ihn, nicht mein Gedicht!

„Die Königskerzen sind erfroren,
Und heuer glänzt nicht mehr ihr Licht.“
Der Herbstwind that's, o ihr Censoren,
Ihn streichet, ihn, nicht mein Gedicht!

Nicht strafet mich, nicht straft den Dichter!
Nur Wahrheit sprach und spricht sein Mund:
Der Dichter ist nur ein Berichter,
Er thut nur das Erlebniß kund.

Die Genügsamen.

Du Ideenvolk, auf's Denken
Mußt du dich allein beschränken!
Möchte dir doch Gott auch schenken
Preßfreiheit zu deinem Denken!

„Gott hat uns genug gegeben.
Segnet Er nur unsre Reben,
Wird es ja in unserm Leben
Preßfreiheit genug noch geben."

Die wilden Gänse.

der luft —
der muoz uns doch gemeine sin.
Vrîdanc.

Ihr wilden Gänse habt es gut,
Ihr ziehet frei und wohlgemuth
Von einem Strand zum andern Strand
Durch's ganze liebe deutsche Land.

Uns zahmen Menschen geht's nicht so,
Wir reisten gern' auch frei und froh
Ununtersucht und unbekannt
Durch's ganze liebe deutsche Land.

Kaum sind wir aber fort von Haus,
So muß auch schon der Paß heraus.
Wir werden niemals sorgenfrei
Vor lauter Mauth und Polizei.

O daß doch einer es erdenkt,
Wie man den Luftball sicher lenkt!
Hier hört nicht auf die Hudelei —
Nur in den Lüften sind wir frei.

Grenzsperre.

Gesperret ist das große Reich des Zaren
An allen Enden allen fremden Waaren;
Ein unbestechbar groß Kosackenheer
Hält ab den fremden Handel und Verkehr.

Doch gnädigst hat der weiße Zar befohlen:
„Ihr könnet euch aus Rußland alles holen!
Nur Esel, Lumpen, Knut' und Kantschu nicht,
Weil's uns an solchen Dingen noch gebricht."

Freiheit.

Wozu sollen die Beschwerden?
Freiheit ist genug auf Erden,
Wenig, viel und nichts zu werden.

Freiheit ward uns in Gewerben,
Im Verthun und im Verderben,
Im Verhungern und im Sterben.

Weiter kannst du's hier nicht bringen;
Andre Freiheit zu erringen,
Wird dir dort nur erst gelingen.

Haififch.

O sage mir,
Wie heißt das Thier,
Das Vieles kann vertragen,
Das wohl den größten Rachen hat
Und auch den größten Magen?

Es ist bekannt
In Stadt und Land,
In jedem Ort und Flecken,
Und wer's einmal gesehen hat,
Denkt dran mit Angst und Schrecken.

Schlag nach geschwind,
Mein liebes Kind,
In Oken's erstem Bande:
Es heißet Haifisch auf dem Meer
Und Fiscus auf dem Lande.

Heute mir, morgen dir.

Nichts will bei uns mehr gehen,
Weil wir auf's Stehn nur sehen,
Drum lassen wir auch unsre Heere stehen.

Nur ihnen ist zu danken,
Daß wir in unsern Schranken
Nicht kommen in ein mißlich Schwanken.

Doch steht vor diesen Heeren,
Leibwachen mit Gewehren,
Ein groß Gedankenheer mit Schwert und Speeren.

Wenn beide sich bekriegen,
Wer wird von beiden siegen?
Die Gedanken stehn, und unsre Heere fliegen.

Gott sei der armen Seele gnädig!

Mel. Wer niemals einen Rausch gehabt.

Der Herr von Leib regieret jetzt,
Ein ganz gewalt'ger Mann,
Er ist gar werth und hochgeschätzt,
Und bleibt es auch fortan,
Denn viele Millionen sind
Ihm unterthan mit Weib und Kind.

Frau Seele schaffet Tag und Nacht,
Das arme gute Weib,
Gräbt edles Erz aus manchem Schacht
Und nur für Herrn von Leib,
Denn Herr von Leib das ist der Staat,
Ihr wißt schon, was der nöthig hat.

So wird in Kriegs= und Friedenszeit
Sein theures Haupt bewacht,
Und zwar in Glanz und Herrlichkeit,
Weil's ihm Vergnügen macht;
Und dies Vergnügen kennt kein Ziel
Und kostet viel, ja viel viel viel.

Manch junger Held erhält viel Geld,
Bloß weil er Wache steht,
Und sorglos durch die Friedenswelt
In Uniformen geht.
Drum zieh den bunten Rock auch an,
O Seel', und werd' ein Kriegesmann!

Thierquälerei.

Vereinet euch zu jedem Zweck,
Für jeden Quark und jeden Dreck!
Nur denkt dabei, wie gut es ist,
Wenn man auch uns nicht ganz vergißt.

Jetzt denkt ihr schon an's liebe Vieh,
Als quälte man die Menschen nie:
Ist denn die Menschenquälerei
In unsrer Welt schon längst vorbei?

Ach! leider quält der Mensch das Thier,
Den Menschen aber quälet ihr,
Ihr übt Censur und Polizei,
Die wahre Menschenquälerei.

Fünfte Sitzung.

—

Trinklied.

> Dô huob er ûf unde tranc.
> Weinschwelg.

Die Frösch' und die Unken
Und andre Hallunken,
Die können nur zechen
Mit röchelnden Rachen,
Sie schlürfen aus Bächen,
Aus Pfützen und Lachen,
Aus Gruben und Klüften,
Aus Weihern und Teichen,
Aus Gräben und Grüften
Und manchem dergleichen,
Und plärren im Chor
Auf Modder und Moor
Nur Schnickschnack, Schnackschnack,
Und Unkunk, Quackquack.

Wir sitzen so sinnig,
Treuherzig und minnig,
Wir frohen Gesellen,
Wir machen es besser,
Denn unsere Quellen
Sind Flaschen und Fässer;
Wir lassen sie fließen
Bei Lachen und Scherzen,
Bis sie sich ergießen
In unsere Herzen;
Draus tönt dann der Wein
Gar lieblich und fein
Nur Liebes = Singsang
Und Liebes = Klingklang.

Landwirthschaftliches.

Mit Vortheil läßt sich bauen
Ein neues Futterkraut,
Das man in allen Gauen
Sonst wenig hat gebaut.

Damit kann man beleben
Die Viehzucht überall,
Man kann es täglich geben
Dem Vieh in Hürd' und Stall.

Duck=dich so heißt der Samen
Und ist gar wohl bekannt,
Die Frucht hat andern Namen,
Wird Knute nur genannt.

Wenn's Vieh daran nur lecket,
So wird es wohlgemuth,
Daß es, was man bezwecket,
Recht gern und willig thut.

Schlagverse.

Nein, bestehen soll das Schlagen!
Zwar nicht gut ist Schlag und Hieb:
Werden wir nur nicht geschlagen,
Ist uns alles Schlagen lieb.

Denn wir sind gut eingeschlagen,
Nicht geschlagen aus der Art.
Wenn die Trommel wird geschlagen,
Ist schon unser Volk geschaart.

Gegen Feindes Anschlag schlagen
Wir den Richtweg ein zur Schlacht,
Und es wird die Schlacht geschlagen,
Eh's der Feind noch hat gedacht.

Wie ein Schiff im Meer verschlagen,
Schlägt sein böser Anschlag um,
Und die Trommel wird geschlagen,
Siegreich kehrn wir wieder um.

Und so wagen und so schlagen
Wir uns muthig durch die Welt,
Bis das Herz hat ausgeschlagen
Und des Lebens Schlagbaum fällt.

Und so lange Finken schlagen
Und die Eichen schlagen aus,
Werden deutsche Herzen schlagen,
Und das Schlagen stirbt nicht aus.

Die Europamüden.

Den Mädchen und den Flaschen
Ward eure Jugendfrische;
Ihr geht mit leeren Taschen
Beim Alter jetzt zu Tische.

Sehnsüchtig nach dem Schlummer
Sitzt ihr in eurer Kammer,
Und euer letzter Kummer —
Es ist ein Katzenjammer.

Veredelung.

Nur das Vollblut lässt man gelten,
Drum erzielt man's hie und da,
Ja, man schicket auch nicht selten
Selber nach Arabia.

Wer kann das Beginnen schimpfen?
Ist es auch nicht practisch sehr,
So den Adel einzuimpfen,
Giebt's doch etwas Adel mehr.

Was kann mit der Zeit noch werden,
Sind vereinte Kräft' im Bund!
Treibt man's so schon mit den Pferden,
Kommt man bald auch auf den Hund.

Ein schöner Zug.

Wenn ihr nicht frei euch fühlt zu Haus,
Wohlan, so ziehet gleich hinaus!
Frei könnt ihr ziehn aus allen deutschen Landen,
Freizügigkeit ist auch für euch vorhanden.

Ein schöner Zug von unsrer Zeit!
Ein schöner Zug: Freizügigkeit!
Dir fehlt ein n an deines Glückes Sterne:
Freizügig Volk, freizüngig wärst du gerne!

Kirchenhistorisches.

Dank, Luther, Dank! du lehrtest jeden
Mit Gott in deutscher Sprache reden,
Hast uns zu Gottes Preis und Ruhm
Gebracht ein deutsches Christenthum.

Doch hat uns unter deinem Schilde
Gebracht die Philologengilde
Zu ihrem eignen Preis und Ruhm
Ein protestantisch Heidenthum.

Die lateinischen Gläubigen.

> Denn es hörete ein jeglicher, daß sie mit
> seiner Sprache redeten.
>> Apostelgeschichte 2, 6.

Ihr singt und betet in Latein!
Will Gott kein Gott der Deutschen sein?
In unsres Feindes Sprache sollen
Wir Dank und Preis dem Höchsten zollen?

Ist Ihm nicht jedes Volk und Reich,
Ist Ihm nicht jede Sprache gleich?
Ihr wollt mit fremden, todten Tönen
Ihn den Lebendigen versöhnen?

Zu Gott empor, du deutsches Herz,
Deutsch bet' und sing' in Freud' und Schmerz!
Die Sprache, die mit dir erschaffen,
Ziemt nur vor Gott den Lai'n und Pfaffen.

Die liberalen Modegecken.

Du schwörest Allem Untergang
Was je dich hemmt in deinem Frieden,
Verfluchest den Gewissenszwang
Und Geistesdruck hienieden;

Du schreist nach Freiheit, schreist nach Recht
Im Anblick großer Kriegesheere,
O du großmäuliges Geschlecht,
Und dich beherrscht die Schneiderscheere!

Humanitätsstudien.

Idque apud imperitos humanitas
vocabatur, cum pars servitutis esset.
Taciti Agricola cap. 21.

Dies Geschlecht, das in Vokabeln
Wie der Ochs' im Joche zieht,
Das vor grauen Götterfabeln
Keine Gegenwart mehr sieht —

Dies Geschlecht, es schien geboren
Nur in Rom und in Athen,
Und wie Deutschland ging verloren,
Ließen sie es gern geschehn.

Wenn nur Götterruh und Frieden
Ihre matte Seele fand,
Nun, das war für sie hienieden
Mehr als je ein Vaterland.

Wirbst auch du um Siegeskränze
In der todten Wissenschaft?
Weihst auch du dem fremden Lenze
Deines Lebens Füll' und Kraft?

112

Deutsche Jugend, du von heute,
Voll von Griechisch und Latein,
Wirst du auch der Vorwelt Beute,
Du auch uns verloren sein?

Ein Geschlecht, das in Vokabeln
Wie der Ochs' im Joche zieht,
Das vor grauen Götterfabeln
Keine Gegenwart mehr sieht?

Dummheit.

Dummheit macht sich stets am breitsten
Hier in dieser engen Welt,
Sie erscheint auch am gescheitsten
Immer noch der dummen Welt.

Aber was mir thut am leibsten
Auf der ganzen lieben Welt:
Dummheit, Dummheit, kommt am weitsten
Endlich doch noch in der Welt.

Lauriger Horatius, quam dixisti verum:

Hoc fonte derivata clades
In patriam populumque fluxit!

Ihr müßt durch alle Schulen wandern
Und schon von Kindesbeinen an,
Von einem Lehrer zu dem andern,
Zu lernen was man lernen kann.

Ihr müsset immerfort studieren,
Das halbe liebe Leben lang,
Ihr müsset zeitig euch dressieren
In einen schulgerechten Zwang.

Ihr müsset Prüfungen bestehen,
Die selbst ein Hiob kaum bestand,
Und dann noch bitten, betteln, flehen,
Als suchtet ihr's gelobte Land.

Was ist denn euer Ziel auf Erden
Für soviel Kräfte, Geld und Zeit?
Ihr wollet nur Bedienten werden
Und bleiben bis in Ewigkeit.

Die Streichinstrumentisten.

Es giebt einen Freistaat, der in einer Brust
Raum hat — oder hast du kein Herz?
Jean Paul, Dämmerungen für Deutschland.

Ihr möchtet gerne streichen
Des Geistes Freud' und Lust,
Doch könnt ihr niemals reichen
In eine freie Brust;

Die wird euch nimmer fröhnen
Wie lumpiges Papier,
Die wird euch stets verhöhnen
In eurer Vampyrgier.

Wenn ihr den Wütherichen
An Glück und Ehren gleicht,
Ihr werdet einst gestrichen,
Wie ihr die andern streicht.

Drum streichet nur die Geigen,
Macht ehrlich eure Hand!
Spielt auf zum Geisterreigen
Für's deutsche Vaterland!

Leider!

> Swaz ich weiz daz wirret mir,
> Swaz ich sihe daz tuot mir wê.
>> Gottfried von Straßb. im Tristan.

Lüg' und Widerspruch, wo wäre
Eins von diesen beiden nicht,
Im Civil und Militäre,
In Regierung und Gericht?

Lüg' und Widerspruch, die beiden
Sind wie Bräutigam und Braut,
Und zu manches Landes Leiden
Hat der Teufel sie getraut.

Die Sternträger.

Wenn ihr den Stern am Rücken traget,
Wo auch sein Kreuz der Esel trägt,
Gewiß, nicht eine Seele fraget,
Ob drunter auch ein Herz wohl schlägt.

Doch so, ich könnt' es nicht verschmerzen,
Erging' es mir wie diesen Herrn,
Nichts auf dem Herzen, nichts im Herzen,
Und doch am Herzen einen Stern.

Ordenssehnsucht.

Mel. Wo ich sei und wo mich hingewendet.

Ach! was nützt, daß ich so viel geworden,
Und daß ich so vieles nenne mein?
Großer Gott, mir fehlet noch ein Orden,
Könntest du mir solchen doch verleihn!

Ja, und wär's vielleicht auch nur ein kleiner,
Den der kleinste Potentat ersann;
Immer besser einer doch als keiner,
Ziert der kleinste doch auch seinen Mann.

Schön' Erfindung, daß ein kleines Zeichen
So viel Ehre, Freud' und Glück umhüllt!
Nichts auf Erden wüßt' ich dem zu gleichen,
Was so sinnig seinen Zweck erfüllt.

Wenn die Engel einst mit mir entschweben,
Stehn die Seel'gen da erstaunt und stumm,
Sonn' und Mond und alle Sterne beben,
Meine Seele hat den Orden um.

Des Censors Klagelied
nebst Chor der Laien.

Mel. Ich lobe mir das Burschenleben.

Wer nie ein Censor ist gewesen,
Der weiß nicht, wie es solchem geht;
Was muß er doch nicht alles lesen,
Und wenn er's auch gar nicht versteht!
Chor.
Doch kann er streichen nach Belieben,
Und wenn's der liebe Gott geschrieben.

Dann muß er wie ein Falke passen
Auf Staat und Kirche, Kirch' und Staat;
Die fir' Idee darf er nicht lassen,
Bis er die Welt verlassen hat.
Chor.
Doch sieht er auch einmal daneben,
Das kostet ihm noch nicht das Leben.

Wie wenig Lohn wird ihm gegeben!
Wie wird er oft so sehr verkannt!
Er aber opfert gern sein Leben
Für König, Gott und Vaterland.
Chor.
Doch giebt's auch Orden, Tabatièren —
Ach, wenn wir doch Censoren wären!

Die jungen Litterarhistoriker.

Känntet ihr doch nur
Unsre Sprach' und Gedichte,
Unserer Litteratur
Tausendjähr'ge Geschichte!

O so schwiegt ihr nur,
All' ihr Pfuscher und Hudler,
Unserer Litteratur
Allzeitfertige Sudler!

Seidenschwanznatur
Ist euch aber gegeben,
Und von der Litteratur
Müsset leider ihr leben.

Nun, so schmiert denn nur
Ohne Scham und Gewissen!
Unsere Litteratur
Ward schon öfter beschmissen.

Die Ausgepreßten.

Ach, aus dem Leben wird verschwinden
Des Geistes und des Herzens Saat!
Wo ist doch künftig noch zu finden
Lebend'ges Wort und frische That?

Wie's Korn der Müller auf die Mühle,
So schicken wir zur Presse hin
Den Vorrath frischester Gefühle
Und neuesten Ideengewinn.

Und wenn uns so das Tagsinteresse
Tagtäglich an die Presse weist,
Sehn wir auf Leipzigs Büchermesse
Bald nur noch Deutschlands Herz und Geist.

Recensenten.

> Vivant omnes hi et hae, qui et quae,
> Horum harum, quorum quarum
> Sanitatem bibimus etc.

Ihr alten Jungfern, Recensenten,
Ihr könnt euch über nichts doch freu'n,
Ihr möchtet jeder Braut im Kranze
Auf ihrem Kirchgang Häcksel streu'n.

Ihr alten Jungfern, Recensenten,
Ihr ahnet Mutterfreuden nicht,
Ihr habt mit Puppen nie gespielet
Und wißt nicht, was ein Kindlein spricht.

Sechste Sitzung.

———

Trinklied.

> Dô huob er ûf unde tranc.
> Weinschwelg.

Unsre Väter sind gesessen
Auch vor vollen Gläsern hier,
Unsre Väter sind vergessen,
Und vergessen werden wir.

Wer kann alles auch behalten,
Was geschieht und nicht geschieht?
Ob sich hier die Stirn' in Falten,
Dort der Mund zum Lächeln zieht?

Leer' und volle Köpf' und Taschen
Werden nach uns auch noch sein,
Nach uns giebt's noch Krüg' und Flaschen,
Gläser mit und ohne Wein.

Und wenn diese gehn zu Scherben,
Neue Gläser werden draus;
Wenn die alten Gäste sterben,
Kommen neue Gäst' ins Haus.

Könnten unsre Väter sprechen,
Sprächen sie: stoßt an und zecht!
Leben war noch nie Verbrechen,
Und der Lebende hat Recht!

Schwabenkrieg.

> Cur mundus militat sub vana gloria?
> *Jacobus de Benedictis.*

Die Trommel schlägt, zum Krieg hinaus
Mit Spießen, Degen, Flinten!
Fürwahr, es ist ein harter Strauß!
Wir ziehn hinaus mit Mann und Maus,
Und keiner bleibt dahinten.

Und als die wilde Schlacht begann,
Da sollten wir uns schlagen.
Da sprach ich: gebt mir meinen Mann —
Was geht mich euer Krieg denn an? —
Will mich mit ihm vertragen.

Der Rath war überraschend neu
Den Tapfern wie den Feigen.
Ein jeder sprach: bei meiner Treu!
Ich bin kein Tieger, bin kein Leu,
Ich will mich menschlich zeigen.

Und so auch dachte bald der Feind,
Er ließ die Fahnen senken:
Wir wollen brüderlich vereint,
So lang' uns noch die Sonne scheint,
An etwas Bessers denken. —

Da zechten wir auf den Vertrag,
Und sangen Friedenslieder;
Und als vorbei war das Gelag,
Sprach Jeder: ach, wann kommt der Tag,
Wann schlagen wir uns wieder!

Der Wehrstand.

Gott grüß euch, lieben Kriegesknechte!
Ihr seid die Friedensherren nun:
Wo sind noch Schlachten, wo Gefechte,
Seit Völkerhaß und Zwietracht ruhn?

Was wart ihr einst im deutschen Reiche?
Ein Eichwald schier mit Schwert und Speer;
Jetzt seid ihr an der deutschen Eiche
Die Mistel nur und sonst nichts mehr.

Der Spittelleute Klagelied.

Wir armen Spittelleute,
   Was haben wir zu thun!
Wir müssen Morgens früh aufstehn,
Und wenn wir das Gebet gesprochen,
Zwei Eimer Wasser holen gehn
Und unsre Morgensuppe kochen.

Wir armen Spittelleute,
   Was haben wir zu thun!
Dann müssen wir um halber zehn
An unser Tagewerk gleich schreiten,
Und wiedrum an dem Heerde stehn
Und unser Mittagsmahl bereiten.

Wir armen Spittelleute,
   Was haben wir zu thun!
Kaum ist das Mahl genommen ein,
Kaum kann man sich des Schlafs erwehren,
Gleich muß man wieder munter sein,
Das Vesperbrötchen zu verzehren.

Wir armen Spittelleute,
    Was haben wir zu thun!
Ist nun auch endlich das geschehn,
So wird es Abend unterdessen;
Wir möchten gern zu Bette gehn,
Und müssen noch zu Nacht erst essen.

Wir armen Spittelleute,
    Was haben wir zu thun!
Gottlob! bald endigt sich die Noth!
So denkt man wohl, o ja — mit Nichten!
Wir müssen nach dem Abendbrot
Erst unsre Andacht noch verrichten.

Wir armen Spittelleute,
    Was haben wir zu thun!
Nun ist es doch zum Ausruhn Zeit!
O nein! wir dürfen noch nicht schlafen;
Der Spittelmeister lärmt und schreit:
Erst reinigt Teller, Krug und Hafen!

Aria

eines sehr gering besoldeten und doch königliche
Professors am Vorabend seines 25jährigen
Dienstjubiläums.

Aus Dornen seh' ich Rosen blühen,
O blühte so mein Glück doch auch,
Denn meines Lebens Sorg' und Mühen
Sind mehr noch als ein Dornenstrauch.
O Frühling, Frühling, denke mein,
Laß Glück und Rosen eins nur sein!

Dann mag verwelken und verschwinden
Auch mit den Rosen mir mein Glück,
Es wird sich immer wiederfinden,
Denn mit den Rosen kehrt's zurück.
O Frühling, Frühling, denke mein,
Laß Glück und Rosen .eins nur sein!

Virtus philologica.

Quos ego!

Was rühmt ihr doch an Rom und Griechenland
Stets Freiheit, Tapferkeit und Vaterland?
O wäret ihr nur Sklaven dort gewesen,
Von eurem Rühmen wärt ihr längst genesen!

Zwar Sklaven seid ihr, eurer Wissenschaft,
Die euch verzehret euer Mark und Kraft,
Daß ihr troß allen alten Herrlichkeiten
Schulfüchse seid und bleibt in unsern Zeiten.

Licht- und Fensterrecht.

Was ihr von Lichtrecht schreibt und sprecht!
Uns ward ja nur ein Fensterrecht:
Hinein wohl darf das Licht ins Haus,
Doch leider darf kein Licht heraus.

O gute gnädige Natur!
Sind unsre Augen Fenster nur?
Und soll der Geist zufrieden sein
Mit allem was man bringt hinein?

Classische Gelahrtheit.

Mel. Guter Mond, du gehst so stille.

Ja, es war in jenen Tagen
Liebe für das Vaterland:
Wie sich Sparta hat geschlagen,
Macht Thermopylä bekannt.

Lebt es doch in Aller Munde
Was dereinst dies Sparta war,
Und es giebt uns sichre Kunde
Ein Tertianer ja sogar.

Was bei Pforzheim ist geschehen,
Frag die Philologen drum,
Gieb es ihnen selbst zum Lehen,
Und — sie bleiben dennoch stumm.

Kunstzopf.

Mel. In einem Thal bei armen Hirten
Erschien mit jedem jungen Jahr.

Aus deinem eignen Haar gewunden
Ward dir ein ungeheurer Zopf.
Schon hundert Jahre sind verschwunden,
Dir aber blieb der Zopf am Kopf.

Viel große Meister sahn ihn hangen,
Und jeder nahm dir ab ein Stück;
Sie alle sind dann heimgegangen,
Dir aber blieb der Zopf zurück.

Geheimnißvoll und zaubrisch schwebet
Der Zopf ob allen Staffelein,
Und keiner der da lebt und webet
Will dich, o freie Kunst, befrei'n.

Was dir noch blieb, wird werthgehalten
In allen Kunstakademien:
Die Alten bleiben gern beim Alten,
Und keiner darf ein Haar draus ziehn.

Drum mag's dich auch nicht weiter quälen,
Wir alle tragen unser Leid;
An Zöpfen wird's der Welt nicht fehlen
Von nun an bis in Ewigkeit.

Und wird dein alter Kopfschmuck schwinden,
Dann sind die Meister gleich bereit,
Dir einen neuen Zopf zu winden,
Wie er sich paßt für unsre Zeit.

Erläuterung
zum 13. Artikel der Bundesacte.

Herr Wirth, Herr Wirth, ein Gläschen Wein! —
Für mich wird das genug nicht sein:
Schenkt mir ein volles Viertel ein! —
Und mir bringt eine Flasch' herein!
Der Wirth, er dreht sich um und um,
Er läuft im ganzen Haus' herum,
Und rechtsum, linksum, ringsum und — kurzum,
Er kann den Schlüssel nicht finden.

Und ach! die Gäste mehren sich:
Was zögerst du? so sprich, so sprich!
O Wirth, o Wirth, erbarme dich!
Denn unser Durst ist fürchterlich.
Der Wirth, er aber bleibet stumm,
Und dreht sich wieder um und um,
Und läuft im ganzen Haus' herum,
Und rechtsum, linksum, ringsum, und — kurzum,
Er kann den Schlüssel nicht finden.

Und größer wird die Cumpanei,
Und größer nur die Zögerei,
Und immer lauter das Geschrei:
He holla! Wirthschaft! Wein herbei!
Der Wirth, der Wirth, er stellt sich dumm,
Er hört, er sieht, er bleibet stumm,
Und dreht sich wieder um und um,
Und läuft im ganzen Hauß' herum,
Und rechtsum, linksum, ringsum, und — kurzum,
Er kann den Schlüssel nicht finden.

O Wirth, was ist das für Manier?
O Wirth, o Wirth, wie zaudert Ihr!
Bringt Wein! denn Wein begehren wir.
Zum Teufel denn, was ist das hier!
Der Wirth verneigt sich, steht ganz krumm,
Er lächelt, schmunzelt, stellt sich dumm,
Er hört, er sieht, er bleibet stumm,
Und dreht sich wieder um und um,
Und läuft im ganzen Hauß' herum,
Und rechtsum, linksum, ringsum, und — kurzum,
Er kann den Schlüssel nicht finden.

Das ist doch sonderbar, hum! hum!
Schon eine Viertelstund' ist um,
Du drehst dich, rennst wie toll und dumm,
So sag doch wie? sag, sag warum?

138

Der Wirth weiß schon das Wie? Warum?

Er neigt sich, beugt sich, steht ganz krumm,

Er lächelt, schmunzelt, stellt sich dumm,

Er hört, er sieht, er bleibet stumm,

Und dreht sich wieder um und um,

Und läuft im ganzen Hauf' herum,

Und rechtsum, linksum, ringsum, und — kurzum,

            Er.
Ich kann den Schlüssel nicht finden!

          Alle (in höchster Verwunderung).
Er kann den Schlüssel nicht finden!

Böhmische Dörfer.

Pegasus der alte Schimmel
Und Apollo fehlet nie,
Ja der ganze Götterhimmel
Prunkt in eurer Poesie.

Mit dem Wörterbuche lesen
Muß man jedes Maigedicht;
Wer die Cypris ist gewesen,
Weiß ich armer Deutscher nicht.

Auch Pandora, Flora, Iris,
Zeus, Aurora, Rhadamanth,
Midas, Isis und Osiris
Sind mir gänzlich unbekannt.

Sagt, für wen doch wollt ihr dichten?
Für's gelehrte Häufelein?
Nun, so müßt ihr drauf verzichten,
Deutschlands Dichter je zu sein.

Zwar das deutsche Volk hat immer
Seinen hochgelehrten Stand;
Dieser aber hatte nimmer
In der Welt ein Vaterland.

Besser drum, ihr singt und pfeifet
Wie's gemäß dem deutschen Mund:
Castor! Pollux! das begreifet
Auch sogar ein dummer Hund.

Das alte Lied.

Die Verschiedenheit der christlichen Religions=
parteien kann in den Ländern und Gebieten des
deutschen Bundes keinen Unterschied in
dem Genusse der bürgerlichen und politischen
Rechte begründen.
Bundesacte vom 8. Juni 1815. Art. 16.

Das alte Lied, das alte Lied,
Das ew'ge Lied vom Unterschied:
Wer nicht des Staates Glauben hat,
An den auch glaubet nicht der Staat.

Du ewig Lied vom Unterschied,
Du altes unausstehlich Lied!
Wann beugt doch Engel, Mensch und Vieh
Vor Einem einz'gen Gott das Knie?

Sterne.

Warum hat Gott der Herr geschmücket
Mit Sternen ohne Maß und Zahl
Den schönen weiten Himmelsfaal?
    Das wissen wir, wir Menschen nicht.

Warum hat Gott der Herr geschmücket
Mit Blumensternen Wies' und Feld,
Die ganze liebe weite Welt?
    Das wissen wir, wir Menschen nicht.

Warum hat mancher Fürst geschmücket
Seit Jahr und Tag mit Stern und Band
So manche Brust in Stadt und Land?
    Das weiß selbst Gott im Himmel nicht.

Oeffentliche Meinung.

Sag an, du öffentliche Meinung,
Sag an, wie lange schweigst du still?
Wann bringst du endlich zur Erscheinung
Was Deutschland soll und muß und will?

Zeig deines Volkes Wundenmale,
Zeig seine Blut= und Thränensaat,
Und wieg auf deiner Wageschale
Des Volkes Lohn, der Fürsten That!

Du willst nicht Aufruhr, nicht Zerwürfniß,
Träumst nicht von Hochverrath und Mord —
Dein Wunsch ist nur das Zeitbedürfniß,
Und Recht und Wahrheit ist dein Wort.

Herren und Knechte.

Ihr wolltet euch zu Göttern machen,
Und siehe, das gelang euch schlecht;
Da machtet ihr das Volk der Schwachen
Zu einem dienenden Geschlecht.

Und dies Geschlecht muß immer büßen,
Zu groß ist seine eigne Schuld,
Und wollt ihr's Leben ihm versüßen,
So ist es eure Gnad' und Huld.

Da ist die Rede nicht vom Rechte,
Das wär' auch nur ein toller Wahn:
Ihr seid die Herrn, sie sind die Knechte,
Und was ihr thut ist wohlgethan.

Nota bene!

Ihr könnt die Welt nicht retten
Mit Hals= und Hochgericht;
Mit des Gefangnen Ketten
Hemmt ihr sein Laster nicht.

Im Arbeitshaus' erwachet
Nicht Fleiß und Arbeitstrieb;
Das Zwangs= und Zuchthaus machet
Nicht tugendhaft den Dieb.

Bei Brot und Wasser eilet
Nicht weg die Sündenlust,
Und keine Bibel heilet
Die frevelvolle Brust.

Wollt ihr Genesung bringen
Der armen kranken Zeit,
Lernt selbst vor allen Dingen
Recht und Gerechtigkeit.

Meusels gelehrtes Deutschland.

> Mihi quidem nulli satis eruditi videntur,
> quibus nostra ignota sunt.
>
> *M. T. Cicero.*

Die ihr so vielerlei doch wißt
Was in der Welt geschrieben ist!
In jedem Land', in jeder Zeit
Recht gut und gern zu Hause seid!

Wenn ihr auch Erd' und Himmel kennt
Und jedes Buch und Pergament,
Ihr wißt nicht viel, weil ihr nicht wißt
Und wissen wollt, was Deutschland ist.

Steuerverweigerungsverfassungsmäßig=
berechtigt.

Sprecht von Volks= und Menschenrechten,
's Ist doch eitel was ihr sprecht!
Ihr erlangt mit allem Fechten
Weder Schreib= noch Rederecht.

Sprecht zu hunderttausend Malen
Immer nein, und nein, ja nein:
Eure Steuern müsst ihr zahlen!
Das ist euer Recht allein.

Die guten Geister.

Mel.   Warum sind der Thränen
Unterm Mond so viel?

Bist du auch hienieden
Gar gering und arm,
Herz, gieb dich zufrieden,
Laß den Gram und Harm!

Denn die höchsten Gaben
Sind auch dir nicht fern,
Weil wir alle haben
Einen Gott und Herrn;

Einen Herrn und Meister
Und ein Himmelreich —
Alle guten Geister
Sind auf Erden gleich.

Die Eidgenossen.

Es war einmal ein arm Schulmeisterlein,
Der wollt' in seinem Lohn verbessert sein.
Doch war sein Dorf nur klein und, Gott erbarm!
Die Bauern waren alle gar zu arm.
Drum ging zum reichen Dorf der arme Mann,
Trug dort den Bauern seine Dienste an.

Er pries den Leuten seine Tüchtigkeit,
Auch könn' er Wetter machen jederzeit.
Da sprachen sie: das ist für uns ein Mann!
Und nahmen ihn sogleich zum Meßner an.
Doch blieb das Wetter immer wie es war,
Heut neblicht, regnicht, morgen hell und klar.

Da sagten sie: ist das nun unser Lohn?
Solch Wetter hatten wir ja immer schon.
Ja, sprach er, ja, sobald ihr einig seid,
Bin ich zum Wettermachen gleich bereit.
Doch war von Einigkeit nicht eine Spur,
Denn jeder wollte stets sein Wetter nur.

Siebente Sitzung.

Trinklied.

Dô huob er ûf unde tranc.
Weinschwelg.

Ja, lustig bin ich, das ist wahr!
Wie's Lämmlein auf der Au.
Die ganze Welt ist Sonnenschein,
Ich fange hier den Regen ein.
Und trinke Himmelthau.

Den Stein der Weisen find' ich noch:
Margret, ein Schöpplein Wein!
Ich mach' aus Wein noch Gold und Geld,
Potz Velten! noch die ganze Welt,
's Darf nur kein Krätzer sein!

He! reiß den Zeiger von der Uhr!
Was kümmert uns die Zeit?
Laß laufen was nicht bleiben kann!
Was geht denn mich ein andrer an?
Trink, Bruder, gieb Bescheid!

Ihr Bänk' und Tische, nehmt's nicht krumm!
Ein Lied gar bald entflieht.
Als ihr noch grünbelaubet wart,
Da sangen Vöglein mancher Art
Euch auch gar manches Lied.

Die Meisten.

Liebesdichter und so weiter,
Hohe Meistersängerzunft,
Ewig jung und ewig heiter
Wie des Frühlings Wiederkunft!

Wie ihr alles gern beschwichtet,
Wo ein Mißklang ruchtbar wird,
Allen Zank und Hader schlichtet,
Nur von Liebe zirpt und girrt!

Wenn die Welt in Angst und Nöthen
Vor dem Sturm der Zeiten flieht,
Dann ergreift ihr schnell die Flöten
Und ihr blas't ein Schlummerlied.

Liebe wißt ihr zu verweben
Künstlich mit dem kühlen Wein,
Lasset wuchern noch die Reben
Um des Grabes nackten Stein.

Nur aus legitimen Stoffen
Webt ihr täglich ein Gedicht,
Daß wir glauben, lieben, hoffen,
Bis uns Herz und Auge bricht.

O du liebe Dichterinnung!
Wie's dir gut und glücklich geht!
Eins nur fehlt dir: die Gesinnung,
Doch was braucht die ein Poet?

Mißverständniß.

Mel. Herz, mys Herz, warum so trurig?

„Singe wem Gesang gegeben,"
Sprach zur Vogelschaar der Aar,
„Das ist Freude, das ist Leben!" —
Und es sang die Vogelschaar.

Und es wurde bunt die Heide,
Grün der Wald und grün das Feld,
Und aus ihrem Winterleide
Trat verjüngt hervor die Welt.

Das war Freude, das war Leben
In dem Wald und auf der Flur,
Denn die Sänger waren eben
Lauter gute Sänger nur.

Doch es kamen stolze Namen,
Wiedehopf und Königlein,
Pfau, Fasan und Truthahn kamen,
Mischten ihren Jubel ein.

Und es wurde bleich die Heide,
Falbe wurde Wald und Feld,
Und in ihrem Winterleide
Lag nun wiederum die Welt.

Philister.

Philistervolk auf allen Wegen,
Philister vor und hinter mir,
Im Sonnenschein, im Schnee und Regen,
Philister dort, Philister hier!

Hast du noch Beine, so enteile!
Zwar ist gewiß du stirbst einmal —
Doch ist ein Tod vor Langerweile
Schon hier auf Erden Höllenqual.

So dacht' ich, und es klopft so eben,
Und ein Philister stellt sich ein,
Umarmt mich, küßt mich, — gottergeben
Geh' ich in meinen Tod hinein.

Dichterklage.

Wol im der ie nâch steten vröuden ranc.
Walther von der Vogelweide.

Was soll Dichten, was soll Singen,
Seit es niemand hören mag?
Niemand will nach Freuden ringen,
Niemand will uns Freude bringen,
Wie der Maienblüthen=Tag.

Wehe, wehe jedem Herzen,
Weil's den Frühling so vergißt!
Wo ist heitre Lust und Scherzen,
Seit die Jugend wie vor Schmerzen
Stumm und eingewintert ist?

Junge Welt, nun tauch dich unter
In den Frühlingssonnenschein!
Sieh, die Vögel werden munter,
Und die Au wird bunt und bunter —
Soll's für dich nicht Frühling sein?

Dichtertrost.

Wo ist die Zeit als Namen galten
Und Dichter war ein Zauberwort?
Noch leben Dichter wie die alten,
Doch Ruhm und Minnesold ist fort.

Einst war sie hoch und schön gepriesen,
Der Dichtung laute sel'ge Lust —
Sie ist verbannt und heimgewiesen
In jedes edlen Dichters Brust.

In diesem stillen Heiligthume
Träumt sie in Selbstgenügsamkeit
Von Minneglück, von Ehr' und Ruhme,
Von einer schönren künft'gen Zeit.

Sie und ich.

Ihr seid die Herrn der Schlösser und Paläste,
Zu Haus bei Gold und Edelstein:
Ich bin ein Fremdling, bin ein Gast der Gäste,
Nicht einen Grashalm nenn' ich mein.

Doch mir gehört die hohe Himmelsveste,
Der Frühling und der Sonnenschein:
Behaltet eure Schlösser und Paläste!
Ich singe — und die Welt ist mein.

Heimweh in Frankreich.
Zwischen Saône und Rhône.

Wie sehn' ich mich nach deinen Bergen wieder,
Nach deinem Schatten, deinem Sonnenschein!
Nach deutschen Herzen voller Sang und Lieder,
Nach deutscher Freud' und Lust, nach deutschem Wein!

Könnt' ich den Wolken meine Hände reichen,
Ich flöge windesschnell zu dir hinein;
Könnt' ich dem Adler und dem Lichtstrahl gleichen,
Wie ein Gedanke wollt' ich bei dir sein!

Die Fremde macht mich still und ernst und traurig;
Verkümmern muß mein frisches junges Herz.
Das Leben hier, wie ist es bang' und schaurig,
Und was es beut, ist nur der Sehnsucht Schmerz.

O Vaterland, und wenn ich nichts mehr habe,
Begleitet treu noch diese Sehnsucht mich;
Und würde selbst die Fremde mir zum Grabe,
Gern sterb' ich, denn ich lebte nur für dich.

Heimkehr aus Frankreich.

Deutsche Worte hör' ich wieder —
Sei gegrüßt mit Herz und Hand!
Land der Freude, Land der Lieder,
Schönes heitres Vaterland!
Fröhlich kehr' ich nun zurück,
Deutschland du mein Trost, mein Glück!

O wie sehnt' ich mich so lange
Doch nach dir, du meine Braut,
Und wie ward mir freudebange,
Als ich wieder dich erschaut!
Weg mit wälschem Lug und Tand —
Deutschland ist mein Vaterland!

Alles Guten, alles Schönen
Reiche sel'ge Heimath du!
Fluch den Fremden die dich höhnen,
Fluch den Feinden deiner Ruh!
Sei gegrüßt mit Herz und Hand
Deutschland, du mein Vaterland!

Auf deutschem Grund und Boden.

O daß ich Hoffnung wieder habe,
Dies lang' entbehrte süße Glück!
Ich kehre neu wie aus dem Grabe
Zur schönen Erde jetzt zurück.

Gelöst ist meines Herzens Blindheit,
Ich sehe wieder Tagesschein,
Ich lebe wie in früher Kindheit,
Die ganze Welt ist wieder mein.

Und allem was da lebt und webet
Muß ich mich froh und liebend nahn,
Und wie der Lenz die Erd' umschwebet,
Will auch mein Herz die Welt umfahn.

In Deutschland.

Noch kumpt vröude und sanges tac,
wol im ders erbeiten mac.
Walther von der Vogelweide.

Noch ist Freude, noch ist Leben
Ueberall im deutschen Land.
Deutsche Fraun und Männer geben
Sich einander noch die Hand.

Und der schöne Glaube lebt noch
An die deutsche Ehrlichkeit,
Und der Geist der Treue schwebt noch
Ueber uns und unsrer Zeit.

Und es wird noch Frühling wieder
Auch für uns in Wald und Feld,
Und es singt noch frohe Lieder
Ueberall die deutsche Welt.

Wahrheit findet noch und Dichtung
Ihre Herzen, ihren Mund,
Und es thut nach mancher Richtung
Sich das Schön' und Beßre kund.

Tadelt nicht die Zeit die neue,
Wünschet nicht das Heute fern!
Zeit ist daß sich jeder freue,
Jeder lobe Gott den Herrn.

Sprecht ihr Weisen, sprecht ihr Thoren!
Und wer wäre nicht ein Kind? —
Ach! ich bin zu früh geboren!
Eine neue Welt beginnt.

Nur in Deutschland, nur

φίλη ἐνὶ πατρίδι γαίη.
Hom. Il. 3, 244.

Zwischen Frankreich und dem Böhmerwald,
  Da wachsen unsre Reben.
  Grüß mein Lieb am grünen Rhein,
  Grüß mir meinen kühlen Wein!
  Nur in Deutschland
  Da will ich ewig leben.

Fern in fremden Landen war ich auch,
  Bald bin ich heimgegangen.
  Heiße Luft und Durst dabei,
  Qual und Sorgen mancherlei —
  Nur nach Deutschland
  Thät mein Herz verlangen.

Ist ein Land, es heißt Italia,
  Blühn Orangen und Citronen.
  Singe! sprach die Römerin,
  Und ich sang zum Norden hin:
  Nur in Deutschland
  Da muß mein Schätzlein wohnen.

164

Als ich sah die Alpen wieder glühn
Hell in der Morgensonne:
Grüß mein Liebchen, goldner Schein,
Grüß mir meinen grünen Rhein!
Nur in Deutschland
Da wohnet Freud' und Wonne.

Mein Vaterland.

Treue Liebe bis zum Grabe
Schwör' ich dir mit Herz und Hand:
Was ich bin und was ich habe,
Dank' ich dir, mein Vaterland.

Nicht in Worten nur und Liedern
Ist mein Herz zum Dank bereit;
Mit der That will ich's erwiedern
Dir in Noth, in Kampf und Streit.

In der Freude wie im Leide
Ruf' ich's Freund' und Feinden zu:
Ewig sind vereint wir beide,
Und mein Trost, mein Glück bist du.

Treue Liebe bis zum Grabe
Schwör' ich dir mit Herz und Hand:
Was ich bin und was ich habe,
Dank' ich dir, mein Vaterland.

Englische Geduld in der englischen Krankheit.

Dedimus profecto grande patientiae documentum.
Taciti Agricola cap. 2.

Sehnsucht hatte mich getrieben
Nach dem Lande meiner Lieben.
Aber, armes Heimathland,
Habe dich fast nicht wiedererkannt!

Lange schon liegst du danieder,
Und wie zuckt's dir durch die Glieder!
Groß ist Gottes Gnad' und Huld,
Aber noch größer deine Geduld.

Nie wirst du den Schmerz verwinden
Und auch nie den Arzt wohl finden:
Deine Qual, wer heilt sie, wer?
Englische Krankheit — heilet man schwer.

Frühlingswunsch.

Wenn jetzt in diesen langen Tagen
Die Blumen wieder blühn,
Wenn jetzt die Nachtigallen schlagen
Im frischen Waldesgrün;

Wenn bei dem Klange der Schalmeien
Die Kinder groß und klein
Hier in den Dörfern, dort im Freien
Sich froh zum Tanze reihn —

Dann mahnen Tänze, Kläng' und Lieder
An dich, o Heimath, mich:
Wann preis' ich dich doch glücklich wieder,
Wann bist du frei wie ich?

Hannoversches Frühlingslied.

> Sehet die Vögel unter dem Himmel an: sie
> säen nicht, sie ernbten nicht, sie sammeln nicht
> in die Scheunen, und euer himmlischer Vater
> nähret sie doch. Seid ihr denn nicht viel mehr
> denn sie? Matthäus 6, 26.

Mel. Das Grab ist tief und stille.

Ihr lieben guten Herzen,
Ihr scherztet allergernst;
Trotz allem Leid· und Schmerzen
Ist euch verhasst der Ernst.

Die Nachtigallen jagen
Den Ernst jetzt über's Meer —
Was solche Vögel wagen!
Das wundert mich doch sehr.

Abendlied.

Abend wird es wieder:
Ueber Wald und Feld
Säuselt Frieden nieder,
Und es ruht die Welt.

Nur der Bach ergießet
Sich am Felsen dort,
Und er braust und fließet
Immer, immer fort.

Und kein Abend bringet
Frieden ihm und Ruh,
Keine Glocke klinget
Ihm ein Rastlied zu.

So in deinem Streben
Bist, mein Herz, auch du:
Gott nur kann dir geben
Wahre Abendruh.

In der Heimath.

Owê war sint verswunden alliu miniu jâr!
Walther von der Vogelweide.

Gelichtet ist der Wald und kahl das Feld,
Wie alt geworden ist die junge Welt!
Geebnet sind der Gräber lange Reihn,
Neu sind die Häuser, neu von Holz und Stein,
Sogar der Bach verließ den alten Zug —
Die Glocke nur, sie schlägt noch wie sie schlug.

Von allem was du hattest — keine Spur,
Du findest es im Menschenherzen nur,
Und jedes hegt für dich Erinnerung,
Und jedes macht dich wieder froh und jung;
Das Herz bleibt ohne Wandel, ohne Trug,
Es schlägt noch immer wie es weiland schlug.

Letztes Lied.

Nackt ein, nackt aus,
Zur Welt hinaus:
Mein Bündel Sorgen mit hinab
Ins dunkle Grab!
Nun schaufelt zu und immerzu!
Ich schlafe fest und habe Ruh.

In Liebesmuth
Voll Jugendglut
Ein halbes Leben mir verschwand;
Das andre fand
In dieser Welt nicht Rast noch Ruh —
Drum, Brüder, scharret zu, nur zu!

Neujahrslied.

So singen wir, so trinken wir
  Uns froh hinein ins neue Jahr.
Wir lassen drüben Gram und Leid,
Und nehmen mit die Fröhlichkeit
  Ins neue Jahr.

So singen wir, so trinken wir
  Uns froh hinein ins neue Jahr.
Die Freundschaft geht von selber mit,
Begleitet treu uns Schritt für Schritt
  Ins neue Jahr.

So singen wir, so trinken wir
  Uns froh hinein ins neue Jahr.
Die Hoffnung wartet unser dort,
Sie sprach: „Kommt mit! ich ziehe fort
  Ins neue Jahr."

So singen wir, so trinken wir
  Uns froh hinein ins neue Jahr.
Drum, wer's nicht froh beginnen kann,
Der fang es lieber gar nicht an,
  Das neue Jahr!

Anhang

oder

Vertrauliche Sitzung.

Armin.

Uns ist in alten Sagen gar wunderviel gesagt,
Wonach in unsern Tagen das Publicum nicht fragt.
Ich aber will berichten was heute nur geschieht,
Nur schöne neue Geschichten. Und also hebt sich an das Lied.

Es kam vom Himmel nieder der deutsche Held Armin,
Seit grauen Zeiten wieder, er kam, wir sahen ihn;
Er war noch stets derselbe, er ging ganz frank und frei,
Er wollte Deutschland sehen, ob's noch dasselbe Deutschland sei.

Im Teutoburger Walde da ließ er sich herab,
Er dacht' an Alles wieder was einst sich dort begab.
Da fragt ihn ein Gensd'arme: „wo haben Sie Ihren Paß?"
Es erwiedert ihm der Recke: „was kümmert dich denn wunder das?"

„Ich bin ein Officiante, ich thue nur meine Pflicht,
Und thue gar nichts weiter als was die Vorschrift spricht:
Wer ohne Paß hier kommet, wer sich nicht legitimiert,
Der wird von Polizeiwegen sofort hier arretiert."

Zum Glücke kam gegangen ein alter Edelmann,
Der hatte sich von ferne schon gehört die Sachen an;
Es war ihm aus der Kindheit Armins Porträt bekannt:
„Für diesen Fremden bürg' ich." Er nahm ihn gleich auch bei
der Hand,

Und führt' ihn durch den Schloßhof in den alten Rittersaal;
Das Gesinde hieß er kommen, es bracht' ihm einen Pokal,
Das war ein echter Römer, den schenkt er ganz voll Wein,
Und bot ihn auf Deutschlands Freiheit dem viellieben Gaste sein.

„Ja, sprach Armin, ich trinke auf Deutschlands Freiheit jetzt,
Ich bin des Fechtens müde, was hat man auch zuletzt?
Doch ewig haff' ich die Römer und ewig bei Tag und Nacht,
Sie haben uns stets das Schlechte, und gewiß auch die Pässe
hergebracht."

Der Edelmann versetzte: „Besänftige dich nur!
Es ist in der Welt von Römern jetzt kaum noch eine Spur;
Du hast sie ja vertilget, kein Mensch spricht mehr Latein,
Du hast ihn ausgelöschet des Römerreiches Glanz und Schein."

„Es beten zwar die Christen in Latein noch hie und da,
Auch lernen die Juristen draus ihre Principia;
Auch treiben es die Gelehrten und halten noch viel darauf,
Doch, glaub' ich, endlich höret der Bettel mal von selber auf."

„So etwas darf nicht kümmern, das ist bei uns der Brauch:
Ein Deutscher ist ein Gelehrter, drum lernt er Alles auch.
Du hast in deiner Jugend ja auch gelernt Latein,
Und bist kein Römer gewesen — Trink aus! ich schenke wieder ein."

„Doch sei mir gottwillkommen, du hoher Held Armin!
O laß mich dich umfangen, o laß mich vor dir knien!
Du bist noch stets derselbe, mit deinem blonden Haar,
Mit deinem liebevollen, deinem schönen blauen Augenpaar!“

„Vergönne daß ich lese, wie lieb und werth du bist,
Wie jede deiner Thaten uns hoch und heilig ist —“
Es las darauf der Edelmann ihm aus dem Lohenstein;
Bald kam ein süßer Schlummer, Nacht war's, der Held Armin
                                         schlief ein.

Und als am hellen Tage Armin erwachet war,
Da kamen alle und brachten ihm ihren Glückwunsch dar;
Es kam die Frau mit den Fräuleins, es kam der Edelmann,
Und alle sahen den Helden mit Blicken minniglichen an.

Und unterdessen eilte die Mähr von Mund zu Mund,
Und durch die Eisenbahnen ward's allen Deutschen kund:
Er ist da, ist wiedergekommen Deutschlands Befreier Armin!
Im Teutoburger Walde, kommt her, kommt her und sehet selber ihn!

Da schickten die Westphalen als Festcomité im Nu
Grobkörnigen und feisten Pumpernickel ihm zu,
Es schickten die alten Sassen ihm echte Cheruskerwurst,
Und andre deutsche Stämme dachten an des Helden guten Durst.

Es sandten ihm die Baiern mit Bock ein Fuderfaß,
Weil das in ihrem Lande noch immer das beste was;
Es sandten darauf die Franken Bocksbeutel wohl verpicht
Und die freien Städte Cigarren aus Havanna, sie hatten
                                         Deutscheres nicht.

Und wie ein Schwarm Heuschrecken kamen von Pyrmont herbei
Die Naturforscher und Aerzte fünfhundert und fünfzigerlei;
Sie hielten die zehnte Spazierfahrt in solcher Geschäftigkeit,
Daß sie des Essens vergaßen und zum Trinken sich nahmen keine Zeit.

Sie wollten die deutsche Trinksucht erforschen am Helden Armin,
Ob Gott in so frühen Zeiten schon uns dieselbe verliehn,
Sie wollten nach Pariser Zollen ihm messen seinen Schlund
Und dann in Oken's Isis promulgieren den Sachbefund.

Es befand sich einer drunter, der schien ein Agent zu sein
Von dem Jenaer beliebten Mineralogen=Verein;
Der zog ein Diplom aus der Tasche: „dem deutschen Freiheitsstein!"
Da sprach von Lemgo ein Steinmetz: „mit Nichten, das ist doch
                                               zu gemein!"

Auch kamen in selber Stunde von München und von Berlin
Zwei berühmte Mitglieder der berühmten Akademien:
Herr Zeune war der eine, (der fehlt bei keinem Fest!)
Der andere war Herr Maßmann, die sollten forschen aufs Allerbest.

Der eine nur erdkundlich, wie Germania damals war,
Ob blaue Augen hatten die Teutonen und blondes Haar?
Der andere philologisch wie sich selber schrieb' Armin,
Ob deutsch, ob teutsch, was richtig und welches vorzuziehn?

Auch stellte sich Herr Albrich, ein kleines Männlein ein, —
Er war fast außer Athem, — vom Philologenverein,
Der sollt' Arminium fragen, wie man spreche das Latein,
Und ob damals die Schulmeister in Rom nur Sklaven gewesen sei'n?

Es kamen auf Flügeln des Sanges die Sänger aus Schwabenland,
Weil sonst kein anderer Sänger in Zunft und Ansehn stand;
Sie brachten von der Freiheit gar manchen süßen Bar,
Da von dieser Freiheit zu singen noch keinem bisher verboten war.

Sie brachten auch große Listen zu einem Denkmal herbei,
Genehmigt von allen Fürsten und auch von der Polizei;
Sie luden mit Subscriptionen jeden biderben Deutschen ein,
Es sollte das Armins-Denkmal ein Denkmal aller Deutschen sein.

Es waren von Köln am Rheine elftausend Jungfraun geschickt,
Die brachten ein seidenes Fähnlein, drin mit Gold und Perlen gestickt,
Gar lieblich anzuschauen, ein heiliger Hermann stand,
Weil mit der Heiligen Hülfe Armin befreit das deutsche Land.

Von Düsseldorf und München kam ein Wagen mit Künstlern an,
Ihre Aufwartung zu machen dem größten deutschen Mann;
Sie wollten ihn zeichnen und malen, radieren und modelliern,
In Stein und Marmor hauen, in Erz gießen und lithographiern.

Es saß Armin im Sessel, wußte nicht wohin? woher?
Von allem Sehen und Hören war ihm das Herz so schwer.
Was andre gerne möchten, das fühlte recht der Held;
Den Drang nach Ruhme fühlet nur wer berühmt ist in der Welt.

Armin in heiterem Ernste nahm den Römer in die Hand:
„Hoch lebe die deutsche Freiheit! hoch lebe das Vaterland!"
Und alle, alle riefen: „sie lebe früh und spat!"
Zwar war im Saale zugegen gar mancher geheime Rath.

Armin in heiterem Ernste nahm den Becher wieder jetzund:
„Hoch alle Majestäten und hoch der deutsche Bund!“
Und alle, alle riefen: „recht lang’ in Einigkeit!“
Zwar waren im Saale zugegen Cherusker genug zur Zeit.

Kaum war es ausgesprochen, da kam vom Leinestrom
Ein Zug von Professoren mit einem schönen Diplom.
Georgia Augusta hatte einstimmig sich resolviert
Und Armin den hehren Helden zum Doctor juris utriusque creiert.

Armin in heiterem Ernste nahm in die Hand das Diplom:
„Gut daß ich es noch erfahre — was ich gethan an Rom
Ist also Recht gewesen, ist Recht bis auf diesen Tag!
Gott gebe, daß es den Sieben, wie’s mir jetzt geht, ergehen mag!“

Schon war es Nacht geworden, der Wächter blies ins Horn,
Da kam ein Bote geritten mit einem goldenen Sporn
Und einem Pergamentbriefe, — er kam noch zu rechter Zeit, —
Es war darin eine Bulla von Seiner Heiligkeit.

Armin begann zu lesen, er schüttelte das Haupt;
Daß er sein Latein verlernet, das hätt’ er nicht geglaubt.
Er ließ von einem Professor sich die Bulla klassisch vertiern
Und dann zu besserm Verständniß im Tacitusstile expliciern.

Seine Heiligkeit begehret, daß sich der Held Armin
Bei seinem großen Einfluß jetzt wolle gern unterziehn,
Ein Friedenswerk zu stiften von wegen gemischter Eh’n,
In Germania könn’ und dürf’ es so uncanonisch nicht mehr gehn.

Um dazu anzuspornen, erfolg' hier ein Symbol;
Wer's Wohl der Kirche wolle, erlang' auch so sein Wohl,
Und wen die Kirche begnade, sei begnadet für alle Zeit:
So, meinte der Philologe, so schriebe Seine Heiligkeit.

Ihm war so angst geworden, dem edlen Helden Armin,
Trotz aller Freud' und Wonne wollt' er nach Walhalla ziehn.
Da hielt den großen Deutschen zu unserm hohen Glück
Auf einige Minuten ein frohes Ereigniß noch zurück.

Es kam ein Fürst geritten, der erhob mit eigener Hand
Und sportelfrei den Helden in den deutschen Adelstand.
Das war zu viel — da starb er. Nun heißt es doch fortan:
Das Vaterland hat gerettet ein alter deutscher Edelmann.

Gedichte aus Gent.

1. An Vlaemſch-Belgien.

Suche nicht das Heil im Weſten!
In der Fremde wohnt kein Glück —
Suchſt du deines Glückes Veſten,
Kehre in dich ſelbſt zurück!

Aus der Tugend deiner Ahnen
Mußt du deine Burgen baun,
Und der Löw' auf deinen Fahnen
Lehre dich dir ſelbſt vertraun.

Treu bewahr' in deiner Mitte
Vor dem wälſchen Uebermuth
Deine Sprach' und deine Sitte,
Deiner Väter Gut und Blut.

Dann erſt kannſt du rühmend ſagen,
Daß du lebſt in unſrer Zeit,
Daß erblüht in unſern Tagen
Deine alte Herrlichkeit.

2. Tricolor.

Schöne Blume, wie umstricket
Dich die wälsche Spinne doch!
Und du bist noch nicht zerknicket?
Und du grünst und blühest noch?

„Ja, ich blühe, roth und golden,
Etwas schwarz nur mischt sich drein,
Etwas schwarz — doch meine Dolden
Werden bald nur schwarz noch sein."

3. Gegen die Fransquillons.

Einst wird auch eure Stunde schlagen
Und rufen wird euch Mann und Kind
Den Ruf aus jenen schönen Tagen:
    Schild en Vrind! *)

Und alle Herzen werden sagen:
Wohl uns, daß wir es wieder sind,
Das Volk aus jenen schönen Tagen!
    Schild en Vrind!

Doch heute können wir nur klagen:
Kaum hören wir vor wälschem Wind
Den Ruf aus jenen schönen Tagen:
    Schild en Vrind!

---

*) Siehe Leo's 12. Bücher niederl. Geschichten 1, 179.

4. Vlaemsch-Belgien 1839.

Nein, du bist noch nicht verloren,
Schönes gottgesegnet Land!
Ueber dir und deinen Thoren
Ruht noch schirmend Gottes Hand.

Deine Sprach' und Sitte lebt noch
Ueberall in Stadt und Land,
Und der Vorzeit Ruhm erhebt noch
Jedes Herz und jede Hand.

Freiheit hat dir Gott gegeben:
Sei dann frei, du freies Land!
Frei zu edlem Thun und Streben!
Frei von wälschem Lug und Tand!

Schiller in Lauchstädt 1804.

Vorgetragen am Breslauer Schillerfeste 1837.

Daß man zu Lauchstädt sonst zur Sommerzeit
Komödie spielte, weiß man weit und breit;
Auch daß zuweilen dann zugegen war
Von Weimar aus das große Dichterpaar,
Und wie der Musensohn vom Saalathen
Nach Lauchstädt pflegte grade dann zu gehn.
Doch weiß man nicht, was eines Tags geschah.
Man spielt die Räuber; Schiller selbst ist da.
Vom Dichter ist das ganze Haus beglückt,
Der Dichter selber ist vom Spiel entzückt.
Doch ach! der Vorhang fällt, das Stück ist aus;
Zufrieden geht das Publicum nach Haus.
Nur Bruder Studio ist so erfreut,
Daß er gar manche Räuberscen' erneut.
Frisch! in die böhmschen Wälder! schreit man hier,
Und dort: der Wald ist unser Nachtquartier.
Man lärmet, jubelt, schwärmet, trinkt und singt,
Der Dichter sitzt von froher Schaar umringt,
Er sitzt so heiter und so wohlgemuth,
Er trinkt als tränk' er neue Jugendglut.
Doch als es endlich nun am Wein gebricht,
Da ruft er: „Nein! wir trennen uns noch nicht,

Noch nicht! dem Glücklichen schlägt keine Uhr.
Hinaus mit mir, hinaus in die Natur!"
Schön war die Nacht, kein Lüftchen regte sich,
Hell schien der Mond, das letzte Wölkchen wich.
Da rief der Dichter zu den Seinen: „Traun!
Hier ist gut sein, hier laßt uns Hütten baun!"
Und unter Bäumen in der Mondscheinnacht
Wird schnell ein Lauberhüttenfest gemacht.
Und wie man hat gebracht die Bänk' herbei,
Und sitzt und singt, da kommt die Polizei.
„Was will der Sklav bei freien Männern hier?"
„Ich will, spricht der Soldat, ich will daß ihr
Nicht weiter singt und in so später Zeit
Die Badegäst' aus ihrem Schlafe schreit."
Da wird nur heftiger die Sangeslust
Und alles schreit vereint aus voller Brust:
„Was will der Sklav bei freien Männern hier?"
Und singt: ein freies Leben führen wir!
Doch jener rief: „heraus! Soldaten, raus!"
Und so gab's einen tücht'gen Kampf und Strauß.
Der Sangesfürst mit seinem Hof entwich,
Er ließ sein großes schönes Reich im Stich,
Den heitern Himmel mit der Sternenpracht,
Die wonnigmilde lichte Mondscheinnacht:
„In des Herzens heilig stille Räume
Mußt du fliehen aus des Lebens Drang!
Freiheit ist nur in dem Reich der Träume,
Und das Schöne blüht nur im Gesang."

Trug nun auch damals mancher Musensohn
Gar manchen Schlag und Puff und Knuff davon,
So denkt doch freudig unter uns daran
Noch Einer, der es nie vergessen kann,
Wie er mit Schiller trank und sang und stritt,
Wie er mit Schiller fliehen musst' und litt.

Das hat mir selber erzählt Einer,
Damit Schillers werde gedacht;
Wir gedenken Schillers und seiner
Als hätten wir es mitgemacht.

Trinksprüche.

===

Breslauer Schillerfest 10. Nov. 1835.

Es leben die Poeten!
Die erhabenen begrabenen
Und die strebenden lebenden,
    sinnig waltenden,
    innig entfaltenden,
    minnig gestaltenden,
klangentzückten entzückenden,
sangbeglückten beglückenden,
    bei Erlebnissen,
    bei Begebnissen,
    bei Begräbnissen,
    bei Hoch=
    und bei noch
    andern Zeiten
    und Gelegenheiten —
Es leben alle Poeten auf Erden,
Die's heute schon sind oder morgen noch werden!

190

Breslauer Dürerfest 20. Mai 1836.

1.

Es leben die Gönner und Könner!
Denn ein Künstler, was gewönn' er,
Hätt' er nicht auch seine Gönner?
Der Künstler muß auf der Erde leben,
Doch ist sein ganzes Ringen und Streben
Euch auf der Erde den Himmel zu geben.
Er möchte lieber im Himmel schweben,
Als unten an der Erde kleben —
Doch muß er nun mal auf der Erde leben.

Wenn's euch nun freut, wie der Künstler waltet und schaltet,
Wenn euch freut was er in Worten und Tönen entfaltet,
Und zu seelenvollen Bildern gestaltet,
So mögt ihr eure Freude zur Erscheinung bringen,
Und laßt anmuthiglich eure Meinung klingen,
Und vergleicht nicht erst mit der Bildnerei des Thalers
die Schilderei des Malers
Und mit der Moneten Singsang
der Poeten Klingklang!
Denn das ist mir nun einmal klar
Seit manchem Jahr und bleibt auch wahr
Heut' und immerdar:

Alle wahre Kunst
Ohne wahre Gunst
Müht sich fürwahr umsunst.
Drum lasst uns alle das Glas erheben:
Die Kunst und die Gunst,
sie sollen leben!

––––––

2.

Es leben die Componisten!
Die aus dem gewaltigen Meer von Tönen
Fischen die Perle des Edelen, Schönen,
Die uns des Lebens Mißklang' entwöhnen,
Allem Jammern, Klagen und Stöhnen,
Uns mit dem Weltgewühle versöhnen,
Uns das Leben erheitern, verschönen —
Die, was ein Dichter irgend gesagt hat,
Was er gelacht und was er geklagt hat,
Was er zu ahnen kaum gewagt hat,
Rastlos streben und ringen
Schöner in Tönen darzubringen.
In allen Herzen muß das Schön' ersprießen,
Wenn sie das Schön' in Tön' ergießen;
Und wir wollen den Dank im Becherklang bringen,
Wenn sie uns ihren Zechersang singen.

––––––

3.

Es leben die Dichter, die fröhlich strebenden,
herzenerhebenden,
Düstres und Klares, Schönes und Wahres
sinnig verwebenden,
Erd' und Himmel minnig umschwebenden,
die da trachten und dichten,
das Dunkle zu lichten,
das Gebeugte zu richten,
das Verworrne zu schlichten;
Die aus der Erde Banden und Schlingen
Sich frei mit der Lerche gen Himmel schwingen,
Und unbekümmert um diesen und jenen
Fröhlich singen ihr Lieben und Sehnen,
Und nicht aus Pfützen und Lachen schlürfen,
Und keiner undeutschen Quelle bedürfen,
Und nach keinen fremden Gängen schürfen —
Sondern am heimischen Born sich laben
Und in ihrem eigenen Herzen graben,
Weil sie selbst den Schacht im Herzen haben;
Die wie der Frühling Blüthen entfalten
Und wie der Frühling niemals alten,
Und auf die ganze Welt verzichten,
Weil sie nicht um Ruhm und Geld dichten.

Breslauer Schillerfest 10. Nov. 1836

Es lebe die Zeit die neue!
Und keiner bereue
Die Zeit die neue,
Doch jeden erfreue
Die Zeit die neue!

Ich beschwör' euch bei den Perrücken und Zöpfen,
Bei den Atlasröcken mit großen Knöpfen,
Bei den runden bepuderten ernsten Köpfen,
Bei dem Reifrockknix und dem Fischbeinmieder,
Bei dem verschämten Aufschlag der Augenlieder,
Bei der Feiertagsruhe aller Glieder,
Bei den Treffen und Litzen,
Manschetten und Spitzen,
Bei den seidenen Strümpfen mit falschen Waden,
Bei den Schönheitspflastern, Schminken, Pomaden,
Bei der Weitschnurigkeit
Und Breitspurigkeit
Aller alten und jungen
Herzen und Zungen —
Wer könnt' es wagen,
Das Verlorene zu beklagen,
Und wünschen, unserem Leben und Treiben
Das Langweilige wieder einzuverleiben?

Wie der Staub verweht durch das Feld,

Ist der Puder hinweg aus der Welt,

Und was er verhüllt und unkenntlich gemacht,

Ist rein und lauter ans Licht gebracht.

Die alte Zeit mußte verloren gehn,

Schon weil sie Schillern mußte geboren sehn.

Die alte Zeit ist die gerichtete,

   die vernichtete,

Weil Schiller dichtete.

Doch wir wollen vom Alten

Alles Gute behalten.

Wir behalten heute zu unserem Feste

   das Beste —

All' ihr Versammelten wißt es:

Schiller bleib' es, denn Schiller ist es.

Breslauer Künstlerfasching 1837.

Hoch lebe die Fastnacht!
Wo wir fasten und rasten
Von des Lebens Lasten,
Und uns gewöhnen zu fröhnen
Allem Schönen,
Wo wir anstecken
Die Kerzen unsrer Herzen,
Und wie Gecken
Uns selbst zum Besten haben
Und mit heitern Gästen laben,
Nach Fröhlichkeit trachten und dichten
Und unsre Gedanken richten
Eher auf den besten Keller
Als auf den letzten Heller —
Es lebe die Fastnacht,
Die keinem Last macht,
Wo Wirth und Gast lacht
Und ohne Rast wacht
Bis an den Morgen
Abzuwerfen der Sorgen
Ballast=Fracht
Und was das Leben verhaßt macht —
   Hoch lebe die Fastnacht!

Breslauer Schillerfest 10. Nov. 1838.

1.

Laßt die Philister immer schrei'n:
Gar keine Zeit wird bald mehr sein!
Wenn wir nur soviel Zeit noch haben
In Jugendlust voll Fröhlichkeit
Uns zu erfreun an Gottes Gaben,
Was kümmert uns dann noch die Zeit!
Ob leer ist oder voll die Tasche,
Ist nur immer voll die Flasche,
Und Herz, Geist und —
Der Magen gesund,
Dann kann man sich in unsern Tagen
Auch mit der papiernen Zeit vertragen;
Und wir lassen ein
Jeden Cassenschein,
Und mit Geduld ein
Jeden Staatsschuldschein,
Und ohne weitere Deliberation
Jede heitere Obligation,
Und wir halten nicht die Hand schief,
Wenn uns kommet ein Pfandbrief,

Und wünschen, daß immer heckten
In unseren Kisten und Kasten die Staatseffecten,
Und freuen uns über jedes Lumpenpapier,
Wovon man leben kann bei dem Humpen dahier.

––––

2.

Und wär' er auch für euch nichts weiter als ein Ketzer,
So war er doch ein biedrer edler deutscher Mann,
Den man im besten Weine wie im schlechtsten Krätzer
Genug nie loben noch auch je beschimpfen kann.
    Und hätt' er nur gesprochen das Eine Wort,
      So müßt' er leben unter uns hinfort:
„Wer nicht liebt Wein, Weib und Gesang,
Der bleibt ein Narr sein Lebelang!"
    Hoch lebe du ehrlicher Dr. Martine
        sine fine!

––––

3.

Hoch lebe Scharnhorst! Preußens Schutzpanier,
Und Ehr' und Ruhm für Preußens Schaaren!
Was er uns ist, das wissen wir,
Wenn wir bedenken was wir waren.

––––

4.

(Der damalige Präsident des Festes, Prof. Schön, hatte kurz vorher einen
Trinkspruch auf die Frauen ausgebracht.)

Schön hört sich's an, wenn Schön beim Schillerfest
Die schönen Frauen leben lässt.
Schön ging mit schönen Frauen schon voran,
Schön folgt auf schöne Frau'n der Mann,
Nicht weil er war der erst' im Paradies,
Sondern weil er ist der erste ohnedies.
Ich meine unter Mann nicht allerlei Leute,
Die jeder Tag uns bringt, das Morgen und Heute.
Wer männlich strebt und wagt, steht und nicht fällt,
Und männlich lebt, unverzagt geht durch die Welt,
Und männlich sich müht für's Gut' und Rechte,
Und männlich erglüht mit Muth wider das Schlechte,
Und männlich auf eigenen Beinen steht,
Und sich nicht nach jedem Wetter, Glauben und Meinen dreht,
Und männlich, mit Geduld, bieder erträgt,
Und männlich ohne Schuld nieder sich legt,
Und frei noch ist in Gefängniß,
Und froh noch ist in Bedrängniß,
Der weiß was er will, und will was er kann,
    Ihr Männer, stoßet an!
Hoch lebe — mit und ohne Frau — der Mann!

Bei einem Faschingsball 1839.

Es leben die Frauen und Fräulein!
Die uns wie ein Kranz im Frühling gewunden
umgeben,
Und wie ein Tanz von fröhlichen Stunden
umschweben,
Und Freude in unser Leben weben,
Und Leben unserm Streben geben,
Und unser Leben zum Leben erheben,
Die unser Herzweh
Und unsere Plagen,
Wie die Sonne den Märzschnee,
Wissen zu verjagen;
Die den Becher
der schlimmen Laune für sich behalten,
Und uns nur den Fächer
der Fröhlichkeit entfalten;
Die besser Kartoffeln als Pantoffeln kennen
Und mehr für den Herrscher als die Herrschaft entbrennen;
Die nicht grollen und schmollen,
Wenn wir trinken sollen und wollen,
Die unsern heißen Durst zu würdigen
immer bereit sind,
Und denen unsere leeren Flaschen und Taschen
nimmer leid sind:

200

Es leben die Frauen und Fräulein jetzt eben,
Die uns wie ein Kranz im Frühling gewunden
umgeben,
Und wie ein Tanz von fröhlichen Stunden
umschweben,
Und Freuden in unser Leben weben,
Und Leben unserm Streben geben,
Und unser Leben zum Leben erheben,
bie Frauen und Fräulein eben
sie sollen leben
hoch!

Breslauer Schillerfest 10. Nov. 1839.

Ich habe einst die Philister leben lassen,

Aber ich müßte jetzt das Leben hassen

Und die Sonn' und den Regen, die die Reben nähren

Und uns das Schön're zum Leben gewähren —

Sollt' ich mich zu solchen Dingen zwingen

Und ein Lob den Philisterlingen bringen.

Ich will nicht beehren mit einem Tropfen die Tröpfe

Und werf' ihnen lieber den Pfropfen an die Köpfe.

Doch will ich heute herauf beschwören

Was unter Schillers Denkmal liegt wie im Grabe,

Ich will es zu meiner eigenen Schande hören,

Wie ich damals die Philister bedichtet habe:

„Es leben die Philister,

Ihre Gevattern und ihre Geschwister!

Die Poetenverachter,

Monetenbetrachter,

Die Luchser, die Muckser,

Die Pfennigfuchser,

Die Mucker und Achselzucker,

Die Agio= und Taxenkucker,

Die Linsenleser

Und Zinsenzähler,

Die Couponsschneider

Und Hungerleider,

Die, wo andre vor Freude weinen,

Gleich mit dem Regenschirm erscheinen;

Und wo die Freude droht einzuschlagen,

Den Blitzableiter in der Tasche tragen;

Die den Teufel scheuen

Und sich wie Teufel freuen;

Die nicht mehr mit dem Zopfe prangen

Und doch an dem Zopfe hangen;

Die Pantoffelgedrückten,

Kartoffelentzückten,

Wasser = Verprasser,

Die sich mit der Schlinge der Mäßigkeit schnüren,

Und doch die Klinge der Gefräßigkeit führen;

Die in lauter Formen und Normen sich bewegen,

In lauter Schmiegen und Biegen sich regen;

Die auf dem Stuhle des Schlendrians sitzen,

Und in der Schule des Bocksbeutels schwitzen.

Es leben die Philister,

Ihre Gevattern und ihre Geschwister!

Denn —

Wenn

Die Philister nicht mehr leben,

So wird es auch keine Poeten mehr geben!"

Nun aber seh' ich, wie die Philister hecken,

Wie sie die Lande mit Schauder und Schrecken bedecken.

Geld und Brot, und Brot und Geld!
So schreit die Welt;
Das ist die einzige Mannigfaltigkeit
In dem langweiligen Liede unsrer Zeit.
Brot ist das einzige Universelle
Unserer Universitäten —
Das reimt sich nicht, ist aber doch wahr,
Und wer's nicht glaubt, dem wird's mit der Zeit noch klar.
Auf Brot gerichtet ist der Knabe
Und verfolgt das Brot wie ein Rabe,
Brot ist des Jünglings Preisaufgabe,
Und der Mann studiert es bis zum Grabe;
Und alle jagen, haschen, streben, ringen,
Wollen es zum Brote, zum Leben bringen.
Und was ist Geld?
Ach, leider, ach es gilt —
Das ist ein treues Bild
Von der Philisterwelt.
Wir wollen unsre Schwerter und Schilde rühren
Und ein anderes Bild im Schilde führen.
Wir wollen Schiller als Reichspanier tragen
Und mit Schillern die Philister schlagen.
Man sollte eigentlich mit dem Esels-Kinnbacken
Wie Simson weiland auf sie hinhacken
Immer tapfer, lustig und munter.
Aber es sind vornehme Leute drunter,
Und die würden es gar übel nehmen,
Wenn wir mit so grobem Knübel kämen.

Drum wollen wir es stiller treiben
Und wollen lieber bei Schiller bleiben.
Wir, die wir die Poesie ins Leben trugen,
Und uns für Ideen zankten und schlugen,
Mit unsrer Begeisterung ausgepfiffen,
Wir, von des Lebens Ernst ergriffen,
Von seinem Leid und seiner Kläglichkeit,
Von Haß und Neid und mancher Unerträglichkeit,
Wir wünschen, daß Schiller auf Oberons Hifthorn blase,
Daß das Philistervolk wider Willen tobe und rase,
Und mit uns singe im lustigsten Triller:
    Hoch lebe! hoch, hoch Schiller!

Hiemit ich scheid:
Will mengen baß die Karten,
Bin unverzagt,
Ich hab's gewagt,
Und will des Ends erwarten.
    Ulrich von Hutten.

Bei **Hoffmann & Campe** ist 1840 erschienen:

Ansichten von Hamburg. Davon sind erschienen oder in Arbeit:
Ansichten von Hamburg in Stahl gestochen, 12 Zoll breit, 9 Zoll hoch,
    (die Sammlung wird aus 30 Blatt à 8 ggr. bestehen.)
   Ansicht vom Jungfernstieg.
     „   „   neuen Jungfernstieg.
     „   „   Pferdemarkt.
     „   „   Baumhaus.
     „   „   Blockhause.
     „   „   Stintfang.
     „   „   Hafen.
     „   „   Tivoli, von oben nach unten.
     „   „   „   „ unten nach oben.
     „   von der Elbe, zwischen Hamburg und Altona.
     „   des Altonaer Thors.
     „   von St. Pauli.
     „   „   Rainvilles Garten.
     „   „   Blankenese vom Strande.
     „   „   „   nach Hamburg.
     „   „   „   vom Fährhause.
     „   „   Booth's Garten in Flottbeck.
     „   „   der Außenalster.

Bernstein, Dr., Sehnsuchtsklänge eines wandernden Hagestolzen.
                      8. broch. 1 Rthlr.

Börne's Schriften, 1—8r Thl. 8. broch.   2 Rthlr.

Bürger, Isidor, Helgoland. Lieder aus der Nordsee. 2te Aufl.
                         12. 8 ggr.

Darstellung der Lage des Hamburgischen Handels in dessen Be-
   ziehungen zum In- und Auslande. Eine kritische Beleuchtung
   der Schrift des Herrn Prof. Wurm: „Die Handels-Politik
   der Hansestädte, ꝛc." Als Anhang:
   I. Der Zoll-Vereins-Vertrag vom 22. März 1833.
   II. Der Vertrag zwischen Holland und dem Zoll-Verein vom
      21. Januar 1839.
   III. Die neuesten Handelsverträge der Hansestädte.
                   gr. 8. broch. 20 ggr.

Dräseke, Der Bischof und sein achtjähriges Wirken im Preußischen
Staate, von C. v. G. 12.   6 ggr.

Gelbke, F. A., Octavianus Magnus. Ein satyrisches Gedicht
in vier Gesängen, allen wahren Freunden der Tonkunst ge=
widmet. 8. broch.   12 ggr.

Gutzkow, K., Leben Börne's. Supplement zu Börne's sämmt=
lichen Schriften. 8. broch.   1 Rthlr. 12 ggr.

Hall, Marschall, Darstellung der Verrichtungen des Nerven=
systems. Aus dem Englischen von Dr. C. Dieffenbach. Mit
3 Kupfertafeln. gr. 8. broch.   1 Rthlr.

Handels=Gesetzbuch, Holländisches, von 1838. Nach der amtlichen
Ausgabe übersetzt von F. E. Schumacher. gr. 8. broch.
                                                          1 Rthlr. 4 ggr.

Hanseställte, die, in ihrem Verhältniß zu den Staaten des Deut=
schen Zoll=Vereins, besonders nach dem Anschlusse des Handels=
Tractats zwischen den letzteren und Holland. gr. 8. geh. 4 ggr.

Harber, C. W. Dr., Beitrag zur Lehre von der Bürgschaft
nach Hamburgischem Rechte. 8.   6 ggr.

Heine, Heinr., Ueber Ludw. Börne. 8. broch.   2 Rthlr.
—   —   Reisebilder, 4 Thle.   7 Rthlr.
—   —   Salon, 4r Thl.   1 Rthlr. 16 ggr.

Hoffmann von Fallersleben, Prof., Unpolitische Lieder,
2te Aufl. gr. 8. broch.   1 Rthlr.

Immermann's, K., Memorabilien, 1r Band. Auch unter dem
Titel: Schriften, 12r Band. broch.   2 Rthlr.

Minner, spanische Gespräche, 3te Aufl.

Mittheilungen aus dem Leben eines Richters, 2 Bände. 8.
                                                          broch. 3 Rthlr.

Müller, J. Chr., Portugiesische Sprachlehre. 8. broch. 16 ggr.

Müller, Emil, Charte und Verzeichniß der Eisenbahnen sowohl
der fahrbaren oder im Bau begriffenen, und der ernstlich pro=
jectirten Bahnen in Deutschland, der Schweiz, Belgien und
Holland, als auch desgleichen einiger benachbarten Bahnen in
Frankreich, Italien und Polen.   6 ggr.
— — Zweck der Hamburg=Bergedorfer Eisenbahn.   16 ggr.

Rorber, Janus oder Erinnerungen einer Reise durch Deutschland, Frankreich und Italien. 5r Thl., Vatican. 8. broch.
1 Rthlr. 16 ggr.

Oesterreichs Zustände und Personen. 1r Bd. 1 Rthlr. 16 ggr.

Plan des Hamburger Hafens. 16 ggr.

Plath, W., Lehrbuch der Geburtshülfe für Hebammen, Preis-schrift. Mit 22 Kupfertafeln. gr. 8. broch. 2 Rthlr. 12 ggr.

Pöhls Handbuch des Actienrechts. Ein Anhang zu dessen Darstellung des gemeinen deutschen Handelsrechts. gr. 8.

Radewell, Friedr., Thll Eulenspiegel. Eine Komödie. 8. broch. 1 Rthlr. 12 ggr.

Raupach, E., dramatische Werke ernster Gattung, 14r Band: Corona von Saluzzo, und: Themisto. 8. broch. 1 Rthlr. 12 ggr.

— — Dieselben, 15r Thl.: Schule des Lebens, und: Cromwell. 8. broch. 1 Rthlr. 12 ggr.

— — Der Prinz und die Bäuerin, Trauersp. 8. broch. 20 ggr.

Resultate, die, der Experimente mit Dampfwagen auf der „Großen Westlichen" und anderen Englischen Eisenbahnen; in Auftrag der Directoren der ersteren von den Ingenieuren John Hawkshaw und Nicholas Word angestellt, um über die vielfach bestrittene Zweckmäßigkeit der von Herrn Brunel jun. angewandten, von dem bisherigen System abweichenden Bauart der „Großen Westlichen" Eisenbahn zu entscheiden. Aus den Railway Times No. 52 zumsammengestellt und übersetzt von Emil Müller. gr. 8. geh. 8 ggr.

Schleiden, H. Die protestantische Kirche und die symbolischen Bücher zunächst in Beziehung auf Hamburg. Bevorwortet durch ein Sendschreiben an Herrn Pastor H. Mumssen. 8. broch. 20 ggr.

Sendschreiben, Einige, aus Südafrika an den Bischof Neander in Berlin. Beitrag zur Aufhellung der Berliner Heidenmissions-angelegenheit. Herausgegeben von G. Gebel. 8. geh. 6 ggr.

Soetbeer, Dr. Ueber Hamburgs Handel. gr. 8. broch. 2 Rthlr. 6 ggr.

Staudinger, Gesammelte praktische Erfahrungen und Beobach=
tungen in dem Gebiete der Landwirthschaft so wie auch im
Fache des landwirthschaftlichen Erziehungswesens. Erstes Heft.
Der Duwock.   Kl. 8. broch.   12 ggr.

Steinheim, Dr. Moses Mendelssohn und seine Schule in ihrer
Beziehung zur Aufgabe des neuen Jahrhunderts der alten Zeit=
rechnung.   8. broch.   12 ggr.

Telegraph, der, für Deutschland.   Erscheint wöchentlich 4 mal in
4°.   4r Jahrgang.   8 Rthlr.

Trinker, der.   Schauspiel in 5 Aufzügen.   Kl. 8. broch.   16 ggr.

Walke, J. A.   Ueber den Umfang der Regalienrechte und ins=
besondere auch des Zollregals im Herzogthum Lauenburg.
8. broch.   1 Rthlr.

Wurm, C. F., die Handels = Politik der Hansestädte und die
Interessen des deutschen Vaterlandes.   gr. 8. broch.   4 ggr.